EDITORIAL UNILIT

Sobreviviendo a la Adolescencia

Aprende a gustarte a ti mismo y a hacer decisiones sabias

JIM BURNS

Publicado por
Editorial **Unilit**
Miami, Fl. 33172
Derechos reservados

Primera edición 1999

© 1997 por Jim Burns. Todos los derechos reservados.
Originalmente publicado en inglés con el título:
Surviving Adolescence por Regal Books.

Traducido al español por: Federico Henze

Citas bíblicas tomadas de la Santa Biblia, revisión 1960
© Sociedades Bíblicas Unidas
 Otras citas marcadas B.d.l.A. "Biblia de las Américas"
© 1986 The Lockman Foundation
 Usadas con permiso.

Producto 497397
ISBN 0-7899-0432-2
Impreso en Colombia
Printed in Colombia

A mi hija
REBECCA JOY BURNS

Tú me recuerdas diariamente las más

ricas bendiciones de Dios. Tu maravillosa sonrisa,

tus abrazos de oso y tu sensible y precioso espíritu

me dieron una dicha más profunda de la que pudieras

imaginarte jamás. Eres un milagro, un regalo especial

de Dios y una obra maestra de la creación.

Te quiere,

Pa.

Contenido

RECONOCIMIENTOS

Escribir este libro fue un gozo total. Está lleno de historias y principios que me recuerdan una vez más cuán afortunados somos Cathy y yo de poseer semejante cantidad de amigos. Somos una familia constantemente bendecida por tantas personas maravillosas . Tomando el riesgo de dejar de mencionar a individuos claves involucrados en este proyecto, deseo dar mi reconocimiento a algunas personas. Sin su ayuda y aliento este libro continuaría siendo un sueño.

Gracias, Cathy, por tu asombrosa actitud positiva respecto a este proyecto, tu aliento para mantenerme en marcha y tu estilo de vida cristiano tan consistente. Christy, Rebecca y Heidi tuvieron poco de su padre durante este tiempo y trajeron las dosis necesarias de alegría y realidad para recordarme que éste fue un proyecto realmente importante. Un agradecimiento especial a nuestros apreciados amigos Dale y Karen Walters, por su amistad llena de sacrificio y apoyo. Karen, gracias por luchar con mi letra y por hacer la segunda, la tercera y la cuarta milla para completar este proyecto.

El personal del *National Institute of Youth Ministry* (Instituto Nacional del Ministerio de la Juventud) ha sobrepasado en mucho la normal relación de trabajo. Son realmente hermanos y hermanas con la meta en común de cambiar el mundo. Gracias Luo Douros, John Fournier, Sara Johnson, Melody Roberson y Doug Webster. Gracias, Bob y Cleva Howard, por vuestro apoyo y aliento fenomenal. Gracias Ernie y Pauline Owen por vuestro positivo y vibrante espíritu de fe y por las incontables miles de personas que ustedes influenciaron a través de vuestros años de publicaciones.

...pero los que esperan a Jehová tendrán nuevas fuerzas;
levantarán alas como las águilas; correrán, y no se
cansarán; caminarán, y no se fatigarán.

Isaías 40:31

JIM BURNS
Dana Point, California

A los padres y consejeros de la juventud

●----------------------------●

¡*Nunca* tuvimos su edad! Es verdad, tuvimos once, doce y trece años, pero nunca tuvimos su edad. El paso de la niñez a la edad adulta (nosotros lo llamamos adolescencia) muchas veces es aterrador. Es pasar de depender de ustedes a la independencia. La adolescencia es un tiempo de experimentar y explorar. Es luchar con temas formadores y transformadores de la vida tales como autoestima, sexo, citas, presión de los pares, emociones, drogas y Dios. Su adolescente y preadolescente necesita de usted más que nunca para atravesar el laberinto de la adolescencia.

Obviamente, los adolescentes crecen. Ellos "sobreviven" la adolescencia en un sentido físico. Pero algunos jóvenes nunca se recobran por completo de los hábitos y emociones dañadas durante estos años de formación. Crear una base sana y positiva durante este lapso no es tarea fácil. Sin embargo, es vital para una vida adulta plena de sentido. Durante este período crítico debemos ayudar a los jóvenes a:

1. Desarrollar un sentido de identidad;
2. establecer relaciones sanas; y
3. tomar decisiones de vida.

Y de esto trata este libro.

Sobreviviendo la adolescencia es un libro que trata sobre elecciones. Mi intención es ayudar a los jóvenes a tomar decisiones positivas y *prevenirlos* de las negativas. Al comienzo del libro, yo desafío a la gente joven a darse cuenta de que las decisiones que hagan hoy los afectarán por el resto de sus vidas. Este libro fue escrito tanto para usted como para sus adolescentes. Es un libro creado para ayudarlo a usted y a su adolescente a llegar a la madurez con seguridad. Como usted bien sabe, no existen fórmulas fáciles o decisiones rápidas cuando se trata de formar a los adolescentes. ¡En el momento en que usted piensa que ha comenzado a resolverlo, cambian las reglas! Esto requiere trabajar duro, comprender la cultura de la adolescencia, perseverancia y un deseo de comunicarse con un entorno a veces extraño. ¿Vale la pena el esfuerzo? Por supuesto que lo vale; no hay nada más difícil o gratificante que ser una parte activa en la formación de una persona cuando él o ella comienzan a reconocer los verdaderos temas importantes de la vida.

Mi esperanza es que usted lea este libro con su adolescente. He tratado de hacerlo práctico, lleno de historias, franco(!) y basado en principios cristianos. Está destinado a producir buena conversación. Al final del libro he sugerido temas de debate para cada capítulo y dado experiencias de enseñanza más profundas. Los niños aprenden mejor cuando interactúan y debaten puntos claves. Este libro también se ha escrito con la idea de que los grupos juveniles lo usen como programa de estudios.

Algunas personas preferirán comprar la cinta grabada que viene con este libro. Cada cinta contiene aproximadamente veinte minutos de contenido creativo y luego deja un gran espacio para el debate.

Sobreviviendo la adolescencia es probablemente el libro más importante que haya escrito hasta ahora, porque llega hasta el corazón de los temas sobre adolescentes y los desafía a no quedarse con lo secundario. Estoy convencido de que si usted invierte su tiempo y energía en leer este libro con su adolescente, hará más que "sobrevivir la adolescencia". Juntos crearán una absoluta pieza maestra de vida. ¡*Vaya por ella*!

Jim Burns

Parte
uno

CREANDO UNA IMAGEN
SALUDABLE DE
SÍ MISMO

Aprendiendo a quererte a ti mismo

Cuando entré a la clase de cuarto grado de la señora Chun el primer día de clases, había algo absolutamente singular respecto a mí. No había nada de lo que pudiese estar orgulloso y, si puedo ser totalmente sincero contigo, podría decir que esta "singularidad" me producía un gran conflicto de trauma y vergüenza. Tú comprenderás, yo era el único muchacho en todo el cuarto grado de la Escuela Elemental Horace Mann en Anaheim, California, que tenía vello debajo de las axilas (¡en realidad, Priscilla Shelton también tenía vello debajo de sus brazos, pero esa es otra historia!).

Bueno, no era un matorral, si tú piensas eso, pero *era* vello y esto era suficientemente malo. En cuarto grado no estaba seguro si alguna vez iba a mostrar este vello a alguien. La primera vez que recuerdo haber orado fue durante ese año cuando recuerdo definitivamente haber rogado a Dios "por favor, nunca me hagas jugar 'sin camiseta' cuando nuestro equipo de baloncesto juegue 'camisetas contra sin camiseta'." Yo siempre levantaba mi mano en clase cubriéndome la axila con la otra.

Bueno, tú te preguntarás qué tiene que ver la historia de un muchacho de diez años "armado de vello" con el sobrevivir la adolescencia. Simplemente esto. Lo que te sucedió a ti durante tu niñez *puede* tener una gran influencia en cuán exitosamente manejes los años entre trece y dieciocho. Tiene que ver con cómo te sientes respecto a quién eres, ya sea que te quieras o no.

La historia de mi "axila" es sólo una experiencia negativa de mi pasado. Si tú tuvieses tiempo, yo podría sentarme contigo y contarte todos los otros factores en mi vida que me ayudaron, a veces, a tener una pobre imagen de mí mismo. Algunas personas lo llaman baja autoestima. Podríamos hablar de las heridas de mi niñez, o de ser seducido por la presión de mis pares y no sentirme aceptado por los así llamados amigos, o podríamos hablar de otros problemas que tuve con mi apariencia física. Si no me crees, da vuelta el libro y observa la contratapa. Mi esposa Cathy seguramente no se casó conmigo por mi cabello largo y abundante, mi físico atlético o mi aspecto de estrella de Hollywood.

Desde que tengo memoria, cada vez que yo jugaba al juego de las comparaciones, comparándome con otros alrededor mío, siem-

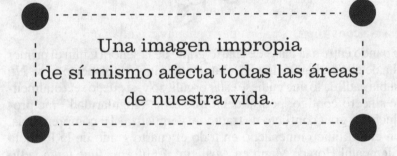

Una imagen impropia
de sí mismo afecta todas las áreas
de nuestra vida.

pre perdía. Dondequiera que mire, veo a personas que son más inteligentes, más coordinadas, de mejor aspecto y con más talento que yo. De hecho, para ser brutalmente honestos, la mayoría de las personas que tú y yo conocemos sufre de una pobre imagen de sí mismos. Y esto, por supuesto, incluye a la persona que mejor conocemos, nosotros mismos.

He aquí el problema. Una imagen impropia de sí mismo afecta todas las áreas de nuestra vida. Tu imagen de ti mismo es cómo tú piensas y sientes respecto a ti mismo. Ahora bien, cómo tú sientes y piensas de ti mismo *afecta* cómo respondes a la vida. Cómo respondes a la vida *afecta* tus relaciones (amigos, familia, Dios, etc.). Lo cual, por supuesto, afecta la manera cómo otros te responden a ti. Para continuar este ciclo, la manera cómo otros te responden a ti te lleva de vuelta al comienzo, y es esto: cómo otros te responden a ti afecta cómo tú piensas y sientes respecto a ti mismo (si te has perdido con esta ilustración, sólo echa un vistazo al diagrama que viene a continuación).[1]

Nilda siempre se rebajaba a sí misma. Aun cuando alguien trataba de hacerle un cumplido acerca de su peinado o su ropa, ella no lo aceptaba en su real valor. Tenía tendencia a ser una quejosa. Profundamente en su interior, se odiaba a sí misma y sabía que se

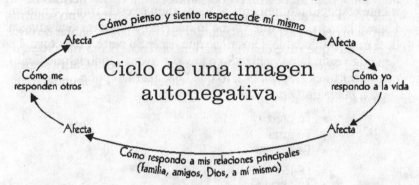

Cómo pienso y siento respecto de mí mismo

Afecta

Afecta

Cómo me responden otros

Cómo yo respondo a la vida

Ciclo de una imagen autonegativa

Afecta

Afecta

Cómo respondo a mis relaciones principales (familia, amigos, Dios, a mí mismo)

estaba convirtiendo en una persona muy negativa.

Los padres de Nilda la regañaban constantemente para que no fuese tan crítica consigo misma. Sin embargo, ella no podía quitar las ideas negativas de su mente. A ella no le gustaba cómo lucía; odiaba su vestimenta. Sentía que si fuese más alta, luciría más bonita. Nilda odiaba hasta su personalidad tranquila. Había momentos en que estaba resentida con Dios por no haberla hecho una persona diferente.

Nilda estaba atrapada en el ciclo vicioso de la autoestima baja. Ella no se gustaba a sí misma y reaccionaba ante la vida muy negativamente. Su perspectiva negativa de la vida afectaba sus relaciones. Esto afectaba la forma en que otros la veían y respondían a ella. Puesto que la mayoría de sus "puntos de vista" eran desfavorables hacia otros, no siempre recibía gran cantidad de apoyo positivo. Esto, a su vez, causaba que se sintiese peor respecto a sí misma. Y el aprender a quererse a sí mismo es una de las claves para hacer que los años de la adolescencia sean una experiencia positiva. De esto trata este libro.

Tú eres un milagro irrepetible. Puede ser difícil de creer a veces, pero tú eres la creación de una obra maestra. No hay nadie más como tú, y eso te hace tan especial.

¿Es fácil sobreponerse a un complejo de inferioridad? ¿Puedes aprender a sentirte bien respecto a ti mismo en diez simples lecciones? La respuesta es un rotundo *No*. Cuando llegan las luchas de la vida ninguno dice que fue fácil. Sin embargo, tengo buenas nuevas para ti. Tú puedes establecer tu verdadera identidad y aprender a quererte realmente. Y las mejores noticias son que el crear una sana imagen de ti mismo no es algo que tengas que hacer solo. Esto puede sonar extraño para algunos, pero honestamente yo creo que el Dios que creó este mundo se preocupa profundamente respecto a quién eres tú y en quién te estás transformando. Esta es la manera en que yo me lo imagino. Para crear una imagen de ti mismo saludable, Dios tiene que hacer Su parte y tú la tuya. La verdad es esta: Dios ya hizo Su parte, por lo cual, todo lo que tienes que hacer tú es *responder* a lo que Dios ya hizo por ti.

La parte de Dios

- Te creó
- Te ama
- Te acepta
- Te perdona
- Te aprecia
- Te da talentos

Rebecca Joy Burns es mi hija de casi cuatro años. Es verdaderamente brava. Dado que ella está muy lejos de ser perfecta todavía, yo estoy absolutamente loco por ella. Hace poco regresé a casa luego de un duro día de oficina. Mis tres hijas jugaban a que estaban haciendo tortas, ¡pero estaban usando verdadero barro de California! Christy y Heidi me vieron, alzaron la vista y agitaron los brazos. Rebecca vino corriendo hacia mí y, antes de que pudiese salirme de su camino, dio un brinco en el aire y aterrizó en mi regazo. Yo me había puesto mi única corbata y mi mejor ropa. Rebecca estaba cubierta de barro, y ahora *yo* estaba cubierto de barro.

Me dijo: "Papi, debes estar hambriento y sediento, te voy a preparar algo". Con el temor de que me ofreciese una torta de barro dije rápidamente: "Rebecca, no tengo hambre, solamente deseo un poco de agua". Después de todo, ni siquiera alguien de tres años puede echar a perder un poco de agua. Bueno, Rebecca se subió a la alacena para tomar un vaso, dejando esparcido barro por todas partes (casualmente, Cathy no estaba en casa, sino esto no hubiese sucedido nunca). Ella llevó el vaso de cristal limpio a la pileta, lo llenó de agua caliente y caminó cuidadosamente hacia mí mientras el agua se derramaba por el piso. Ella se sentía muy orgullosa cuando me entregó el vaso. Cuando me lo dio, observé que dos de sus dedos más embarrados todavía estaban dentro del vaso. Entonces, el vaso tenía líneas marrones que corrían por su lado interno. Tomé el vaso de agua caliente (asco) con barro (doble asco) y lo sostuve en mi mano. Miré a Rebecca, tan emocionada por haber servido a su papi. Eché una ojeada al desastre en la cocina. Miré fijamente el agua caliente y barrosa e hice lo que todo padre amoroso hubiese hecho. ¡Me tomé el agua de un trago!

Bueno, ahora me preguntarás tú, ¿qué tiene que ver este relato con la parte que le toca a Dios en la construcción de mi autoestima saludable? Este es el punto. Si un padre humano piensa lo suficiente en su hija como para tomar agua caliente y barrosa, cuanto más nuestro Padre celestial que me creó estará dedicado a desear lo mejor para mí. Analicemos esto: desde el momento en que Dios te creó, te ama y te acepta como hijo Suyo. A través de Jesucristo te perdona. Él valora Su relación contigo a tal punto que sacrificó a Su hijo unigénito para que tengas vida abundante en la tierra y una relación eterna con Él.

Te dotó con potencial y aptitudes que beneficiarán Su reino y harán de ti una persona sana y feliz. Lo he escuchado decir de esta manera: "Dios no patrocina fracasados". La parte de Dios en ayudarte a aprender a quererte está en el verdadero corazón de tu imagen de ti mismo.

Ahora emerge la parte que te toca efectuar a ti. Para expresarlo claramente, tu respuesta a lo que Dios ya ha hecho por ti hace la diferencia entre una buena o mala imagen de ti mismo.

Tu parte

- Pon primero a Dios en tu vida
- Vive de acuerdo a tu potencial.

Pon primero a Dios en tu vida

Jesús lo expresó perfectamente: "Mas buscad primeramente el reino de Dios y su justicia, y todas estas cosas os serán añadidas" (Mateo 6.33). En esta poderosa frase, Jesús nos promete que cuando ponemos a Dios en primer lugar, nuestras vidas estarán en orden. ¿Nos promete una vida sin problemas? De ninguna manera. Sin embargo, Él nos ofrece cuidarnos día tras día si buscamos ponerlo a Él como nuestra primera y principal prioridad. Tu respuesta a Dios afectará finalmente todas las otras áreas de tu vida.

Yo no me di cuenta hasta muy tarde en la vida que cuando intentaba poner a Dios primero, eso afectaba mi relación con mis padres, amigos, miembros de mi familia y aun con los maestros. Poner a Dios primero influyó en mis grados, trabajo, salud y, muy importante, mis citas.

Esto puede sonar supersimplista, pero yo creo que las personas con una baja autoestima tienen, primero y principal, un problema espiritual. Cuando permiten que el profundo amor de Dios y confianza en ellos sea puesto en el centro de sus vidas, están en el camino de vivir de acuerdo a su potencial.

Vivir de acuerdo a tu potencial

Con el poder del universo encarnado creándote y amándote, tú estás libre para ser todo lo que Dios desea que seas. Déjame explicarte este punto presentándote a un amigo mío. Su nombre es Trevor Ferrel. Tiene dieciséis años y definitivamente vive la vida a pleno. Trevor vive en Filadelfia. Cuando tenía once años, vio un programa de noticias de televisión acerca de la gente que vive en las calles de su ciudad. Sin poder comprender cómo esas personas podían vivir sin hogar a pocos kilómetros de su propia comunidad suburbana, convenció a sus padres esa misma noche para que lo llevasen al centro de la ciudad donde vivían los desamparados. Cuando Trevor fue testigo de la horrible condición de los que no tienen hogar en esa fría tarde de invierno, llevó su propia cobija y almohada a un hombre acurrucado contra una reja de un subterráneo.

Con sólo once años de edad, Trevor Ferrel comenzó un ministerio llamado "El Ejército de Trevor". Con la ayuda de su familia, comunidad y el constante apoyo nacional, comenzó a proveer alimentos, ropas y albergue para aquellos que no tienen adónde ir.

Trevor vive de acuerdo a su potencial. Él hace la diferencia. Una vez me dijo: "yo soy uno solamente, pero soy uno; yo no puedo hacer todo pero puedo hacer algo".

Trevor es aún un adolescente. Sus actos y actitudes han tocado el corazón de millones de personas. Su historia fue publicada en todos los periódicos y revistas más importantes. Y fue visto en todas las principales cadenas de televisión. Recibió el Premio a la Integridad John Roger, un honor otorgado a la Madre Teresa y Mahatma Gandhi. Sus esfuerzos merecieron el reconocimiento de la Casa Blanca cuando aún estaba en sus primeros años de adolescente.

He aquí una persona que sabe cómo vivir su potencial y hacer la diferencia. Tú también puedes poner a Dios en primer lugar y aprender a quererte a ti mismo para vivir la vida plenamente.

2

Ve por ello: Tomando buenas decisiones

La ceremonia de graduación del colegio secundario del año pasado fue un acontecimiento feliz y triste para mí. Mientras pasaba por al lado de los graduados del colegio secundario Corona del Mar, descubrí que conocía a casi la mitad de la clase. A muchos los conocía desde al primer año. Fue un momento feliz cuando vi a algunos estudiantes que, en estos pocos años de colegio secundario, habían cambiado realmente la dirección de sus vidas. Durante sus años de secundaria tomaron la decisión de ser todo lo que Dios deseaba que ellos fuesen. Ellos no eligieron lo segundo en la vida. Realmente iban en camino de ser alguien.

También fue un momento de tristeza. Otros que había conocido por un período de cuatro a seis años habían optado, en algún momento, por ir en la dirección correcta. Ahora, se habían decidido por la mediocridad. En algún lugar del camino se apartaron de lo dispuesto por Dios. Algunos fueron seducidos por la presión de los pares. Otros se habían dado al abuso de drogas y alcohol. Fue muy deprimente ver a personas con tanto potencial decidirse por algo menos que lo mejor. Una frase pasó por mi mente. *Las decisiones que haces hoy juegan un papel importante en quién te convertirás en el futuro.*

Recuerdo mi reunión del décimo aniversario de graduación del colegio secundario. Mientras llegábamos al estacionamiento del Hotel de Disneylandia, los mismos muchachos que tomaban cerveza antes de los partidos de fútbol, estaban allí pasándose latas de cerveza desde la parte trasera de una camioneta. La chica más coqueta se había casado y divorciado tres veces y tenía cinco hijos.

El joven que más votos de triunfador había cosechado, diez años después ya era una persona muy exitosa. Yo había sido votado como "el más predispuesto a retirarse" (¡estoy hablando de mi cabello!) ...¡y diez años después había cumplido la profecía!

Mi punto es simplemente que cuando estos adultos eran adolescentes tomaron decisiones: algunas sabias, otras no tanto. Nunca soñaron que estas decisiones quedarían prendidas de ellos para siempre. Muchas de las decisiones y costumbres que tú eligiste en tus años adolescentes permanecen contigo durante toda la vida. Uno de mis temores es que muchas personas en tu escuela se inclinarán por lo secundario de la vida. Ellos determinarán que la mediocridad está bien y nunca alcanzarán el potencial que Dios les dio. Espero que tú no seas una de estas personas. Déjame contarte una de mis historias favoritas.

Una vez, hace tiempo y en un país lejano, vivía un grupo de personas llamadas laconianos. Los laconianos vivían en un asentamiento rural y su pueblo estaba rodeado de bosques. Ellos se parecían y actuaban como tú y yo. Se vestían como nosotros e iban al colegio y al trabajo igual que nosotros. También tenían las mismas luchas familiares y búsqueda de identidad que tenemos nosotros. Pero existía una diferencia importante. Alrededor del tobillo de cada laconiano había un aro, y adherido a ese aro había una fuerte cadena metálica. Y conectado a la cadena, había una bola de metal pesada y redonda.

Dondequiera que iban los laconianos o hicieran lo que hiciesen, llevaban consigo la bola y la cadena. Pero a ninguno parecía molestarle. Al fin y al cabo, estaban acostumbrados y nadie en Laconia estaba libre de la esclavitud de la bola y la cadena.

Un día, Tomás, el héroe de la historia, estaba en el bosque después de la escuela. Cuando dio vuelta en una esquina, patinó, se cayó, y se le rompió la cadena. Tomás nunca antes había oído de una rotura de cadena en Laconia y estaba aterrado. Pero también tenía curiosidad. Mientras estaba parado mirando fijamente la cadena rota, sintió que algo muy significativo había sucedido en su vida. De hecho, trató de dar un paso sin la bola y la cadena y casi se cae al suelo. Después de todo, no estaba acostumbrado a la libertad de caminar sin esa atadura.

Rápidamente volvió a colocar la bola y la cadena en su tobillo. No le contó a nadie acerca de su nuevo descubrimiento. Al día siguiente, después de clase, su curiosidad lo llevó de regreso al bosque para experimentar con esta libertad recién descubierta. Esta vez, cuando desenganchó la cadena, pudo caminar. Sí, al principio fue tambaleante, pero prontamente aprendió a compensarlo. En pocas horas estaba corriendo y saltando y hasta tratando de trepar a los árboles del bosque. Cada día después de clase, se encontraba en el bosque, libre para experimentar la vida de una forma diferente a cualquiera en Laconia.

Decidió compartir su secreto con su mejor amigo. Un día después de clase, llevó a su amigo al bosque y le mostró su nueva libertad. Pero su amigo le respondió diciendo: "¡no seas diferente! El que es laconiano una vez, siempre será laconiano. ¡Sé feliz con lo que posees!" Esta respuesta sólo agregó más combustible al fuego de Tomás. Él sabía que tenía que mostrar a todas las personas de su pequeño pueblo que podían ser liberadas.

Un día de primavera, cuando todo el pueblo estaba afuera, Tomás tomó la bola y se la colocó debajo del brazo, luego corrió y brincó a través de la ciudad. Quería mostrarle su gozo y su libertad a la gente de su pueblo. La respuesta de ellos fue una conmoción. Se burlaron de él, lo regañaron, y lo desafiaron a que no fuera diferente. Hasta su familia le ordenó convertirse en una parte normal de la comunidad y ponerse nuevamente su cadena.

Ahí mismo Tomás supo que, desde que había experimentado esta libertad, nunca podría elegir nuevamente algo secundario. Para Tomás, la mediocridad estaba fuera de cuestión. Él elegía ser diferente... y *fue* diferente a partir de entonces.

He escrito este pequeño cuento para gente que no busca una elección secundaria en su vida. ¿Qué es lo que te frena a ti de romper la cadena y esforzarte en ser todo lo que Dios quiere que seas? Jesús dijo: "conocerás la verdad y la verdad te hará libre." Tú no tienes que vivir una vida de mediocridad aburrida. El deseo de Dios para tu vida es que rompas las cadenas que te mantienen sujeto y que pongas tu vida a Su disposición. ¡Tú puedes elegir ser diferente!

Mi esperanza es que tú decidas ser diferente. Espero que a tu edad, hagas decisiones positivas que jugarán una parte importante para determinar quién eres tú y en quién te transformarás en el futuro. Mi esperanza es que tú rompas la cadena que te mantiene alejado de alcanzar el potencial que te ha dado Dios. La vida es corta. ¡Ve por ello! Leemos en el Nuevo Testamento la historia de un hombre que había estado enfermo por lo menos treinta y ocho años. Toma, léelo tú mismo:

> "Después de estas cosas había una fiesta de los judíos, y subió Jesús a Jerusalén. Y hay en Jerusalén, cerca de la puerta de las ovejas, un estanque, llamado en hebreo Betesda, el cual tiene cinco pórticos. En estos yacía una multitud de enfermos, ciegos, cojos y paralíticos, que esperaban el movimiento del agua. Porque un ángel descendía de tiempo en tiempo al estanque, y agitaba el agua; y el que primero descendía al estanque después del movimiento del agua, quedaba sano de cualquier enfermedad que tuviese. Y había allí un hombre que hacía treinta y ocho años que estaba enfermo. Cuando Jesús lo vio acostado, y supo que llevaba ya mucho tiempo así, le dijo: ¿Quieres ser sano? Señor, le respondió el enfermo, no tengo quien me meta en el estanque cuando se agita el agua; y entre tanto que yo voy, otro desciende antes que yo. Jesús le dijo: Levántate, toma tu lecho y anda. Y al instante aquel hombre fue sanado, y tomó su lecho y anduvo"

> Juan 5:1-9

Imagina por un momento en tu mente esta escena. Piensa en un hermoso estanque con grandes columnas de mármol y quizás exquisitas piezas de arte alrededor. Ahora visualiza gente enferma con cuanta enfermedad sea imaginable sentada y acostada al lado del estanque. Algunos han estado allí por varios años. Han estado esperando el periódico agitarse de las aguas en el estanque. Esta gente cree que un ángel del Señor vendrá y curará a la primera persona que esté en el estanque cuando se agiten las aguas. Debe haber sido casi una visión.

La estrella de nuestra historia había sido un inválido por treinta y ocho largos años. Por alguna razón, Jesús eligió a este hombre y se dirigió directamente hacia él. Jesús le formuló una pregunta muy importante: "¿Quieres ser sano?" Parecería como que la respuesta a tan franca pregunta debería ser obvia. Sin embargo, el inválido no respondió con un sí. Vaciló y luego dio una excusa. Jesús no respondió a la excusa del hombre, mas dijo:

"Levántate, toma tu lecho y anda". Inmediatamente el hombre fue curado, tomó su lecho y caminó por primera vez en treinta y ocho años.

Somos muy parecidos a este hombre. Seguramente él se sintió cómodo eligiendo estar en segundo lugar. Después de todo, el estanque era un territorio que le era familiar. Desafortunadamente, con frecuencia también nosotros nos sentimos cómodos en nuestras elecciones de vida negativas. Jesús nos dice, como dijo al inválido: "¿quieres ser sanado? ¿quieres ser todo lo que Dios desea que seas?" Demasiadas veces nuestras respuestas son excusas: "Seré tuyo en cuanto salga del colegio secundario. Luego, Señor, cuando esté en la universidad, después de que me case, luego de los hijos, luego, luego, más tarde, más tarde".

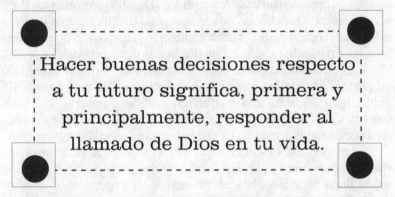

Hacer buenas decisiones respecto a tu futuro significa, primera y principalmente, responder al llamado de Dios en tu vida.

Pero Jesús nos dice, "¡Levántate! Toma tu lecho y anda."

En otras palabras, Él dice que ahora es el momento de responder a Su llamado. Si lo dejas de lado, puede ser que nunca hagas una decisión correcta. Hacer buenas decisiones respecto a tu futuro significa, primera y principalmente, responder al llamado de Dios en tu vida.

Cuando Dios susurra en tu mente con una suave vocecita: "¿quieres ser sanado?", ¿de cuál aspecto de tu vida está hablando? Ahora es el tiempo de responder. Recuerda, las decisiones que tomes hoy te afectarán por toda la eternidad.

¿Qué te costará a ti "ir por ello" en tu vida? Veamos esta historia del inválido que fue liberado.

El enfermo tomó una decisión consciente de sanarse

Jesús le dijo que tomase su lecho y caminase, y el inválido *decidió* ir por ello. Tú puedes decidir hoy vivir la vida plenamente. Puedes tomar la decisión de "romper la cadena" e ir por ello. Yo espero que tú te atrevas a soñar respecto a la persona en la cual te puedes convertir, y luego te atrevas a ser la persona de tus sueños. Determinación, paciente perseverancia duro trabajo mezclado con la fe en tu Creador es todo lo que necesitas para que esto suceda.

John Erwin faltó a clases demasiadas veces como para contarlo. Robó bicicletas y las llevó al basurero para destruirlas. A sus doce años se unió a un grupo de criminales y amenazó a sus padres adoptivos con un rifle calibre veintidós. Dijo un juez una vez: "Yo no sé cómo un muchacho puede ser como dicen que eres tú. Pero estoy convencido de que nunca cambiarás. Te vaticino que pasarás la mayor parte de tu vida en instituciones de seguridad."

Tres décadas después, la profecía del juez se había cumplido en parte. Durante las mismas, John Erwin había pasado más de veinticinco años en una institución grande y notoria, la cárcel County Cook de Chicago. ¡Pero no como interno! El juez se había equivocado mayormente; Erwin había cambiado. Notablemente.

En el ejército, Erwin conoció a una familia que le demostró el mismo amor que había demostrado a sus propios hijos. De una niñez llena de violencia y abuso sexual, él experimentó el amor de Dios y su perdón.

Fundó PACE, uno de los programas americanos de rehabilitación de prisioneros más exitoso. Luego se unió al grupo de Camaradas de Prisión Chuck Colson.

Erwin (dice)... "yo no me doy por vencido con la gente. Si Dios puede cambiarme, puede cambiarlos a ellos también."

John Erwin tomó una decisión consciente de sanarse. Él pudo haber pasado todos sus días deseando que la vida hubiese sido más buena con él, y desperdiciando su existencia. Pudo haber decidido permitir que sus fracasos lo detuviesen, pero no lo hizo. Su vida es un perfecto ejemplo de alguien que rechazó elegir algo secundario y desarrolló una actitud de "ir por ello" que literalmente cambió su historia. Puso su corazón en pos de un sueño.

El enfermo fue liberado

A todo aquel que quisiera escucharlo, Jesús le hizo un promesa muy emocionante: "Conocerás la verdad y la verdad te hará libre". Demasiados de tus amigos y quizás aun tu propia familia nunca vivirán vidas realmente libres. Tú no tienes que seguir sus patrones negativos. Tú puedes elegir el cambio. Tú puedes elegir tomarle la palabra a Jesús y vivir la vida plenamente. ¿Qué quieres ser? ¿En qué clase de persona deseas convertirte? En Cristo, tú puedes convertirte en esa persona. He aquí ocho palabras simples que pueden, si se siguen, liberarte para ir por ello: *"Todo lo puedo en Cristo que me fortalece" (Filipenses 4.13).*

¿Alguna vez escuchaste la antigua historia india del águila que creía que era un pollo de pradera?

> Una vez un guerrero indio encontró un huevo de águila y lo puso en un nido de pollo de pradera. El pequeño águila fue empollado con la cría de pollitos y creció junto a ellos. El águila cambiado, creyendo que era un pollo, hizo toda su vida lo que los pollos de pradera hacían. Escarbó en el suelo buscando semillas e insectos para poder comer. Cloqueó y cacareó. Y voló con un breve golpear de alas y agitar de plumas algunos metros por el suelo. Después de todo, eso es lo que se espera que vuelen los pollos de pradera.
>
> Pasaron los años. Y el águila cambiada, creció y envejeció mucho. Un día, vio a una magnífica ave lejos de él en el cielo sin nubes. Suspendida con majestuosidad, llena de gracia sobre las poderosas corrientes de aire, volaba a gran altura con un escaso batir de sus alas doradas. "¡Qué hermosa ave!" dijo el águila cambiada a su vecino. "¿Qué es?" "Es un águila, el jefe de las aves", cloqueó el vecino. "Pero no lo sigas pensando. Nunca podrías ser como ella".
>
> Por tanto, el águila cambiada nunca volvió a pensar en ello. Y murió creyendo que era un pollo de pradera.

Habiendo sido criado en una familia de pollos de pradera, este águila comenzó a creer que era un pollo de pradera y comenzó a *comportarse* como un pollo de pradera. Entonces, un día alzó su vista y vio un águila majestuosa volando a gran altura por los aires, bajando en picada y girando. Preguntó qué era y su familia le dijo: es un águila. Pero nunca podrás ser como él porque sólo eres un insignificante pollo de pradera". El águila pasó su vida mirando hacia las águilas y anhelando unirse a ellas entre las nubes. Pero nunca se le ocurrió alzar sus alas y tratar de volar por sí misma. Y como relata la historia, desafortunadamente el águila murió creyendo que era un pollo de pradera.

Tú tienes la capacidad de ser un águila, de volar a gran altura sobre el resto de la multitud, de pasar por encima de las depresiones y la presión de los pares que te abaten. Dios te llama para que rompas el esquema y te liberes de la multitud, de la bola y las cadenas que te atan a tierra, y así poder volar a gran altura con las águilas.

Nosotros damos excusas. Decimos: "Señor, yo no vivo como los pollos de pradera, pero me crié en una familia de pavos..." Y demasiadas veces elegimos ser algo inferior que lo que era nuestro destino.

Mi esperanza es que seas una persona deseosa de romper tus cadenas, deseosa de decir "sí" a Cristo, deseosa de volar a gran altura sobre las cimas. Esto no sucederá con excusas ni soñando despierto. La única manera en que sucederá es invitando a Jesús a ser Señor de tu vida y Señor de tus ambiciones. Un profeta del Antiguo Testamento, Isaías, lo expresó de esta manera:

> "¿No has sabido, no has oído que el Dios eterno es Jehová, el cual creó los confines de la tierra? No desfallece, ni se fatiga con cansancio, y su entendimiento no hay quien lo alcance. Él da esfuerzo al cansado, y multiplica las fuerzas al que no tiene ninguna. Los muchachos se fatigan y se cansan, los jóvenes flaquean y se caen; pero los que esperan a Jehová tendrán nuevas fuerzas; levantarán alas como las águilas; correrán, y no se cansarán; caminarán, y no se fatigarán."

> Isaías 40:28-31

Yo creo que Dios planta un sueño en el corazón de cada persona. La mayoría de las veces, estos sueños no son grandiosos. Son simples pequeñas ideas o deseos para hacer que el mundo sea un mejor lugar para vivir. ¿Cuál es tu sueño? ¿Cuál es tu deseo? ¿Estás decidido a efectuar hoy las importantes decisiones para asegurar un mañana maravilloso? La vida es corta...¡*ve por ello*!

3

Desarrollando una autoimagen positiva

Si tú eres como la mayoría de las personas, una gran parte de tu vida hasta este momento ha sido regida por una pobre imagen de ti mismo. A ninguno de nosotros le gusta admitir el hecho de que no somos perfectos. Por ello nos escondemos detrás de una máscara de inferioridad, tratando de disimular la realidad de nuestro sentimiento de fracaso. Un pobre concepto de nosotros mismos afecta todas nuestras principales relaciones, con Dios, con nosotros mismos y con los demás.

Debido a que no siempre nos queremos a nosotros mismos, tenemos la tendencia a excluirnos del amor de Dios. Nos preguntamos: "¿Cómo puede Dios, el Creador del universo, preocuparse realmente por mi insignificancia?" Vamos detrás de la popularidad, el poder y el éxito al costo de comprometer nuestras verdaderas creencias. Dado que no siempre nos queremos a nosotros mismos, luchamos con el sentimiento de amar y aceptar a otros. Tenemos la tendencia de rebajarnos o compararnos, intentando hacernos inferiores o superiores que nuestros amigos.

Hay personas que aparentan exteriormente estar en control de todo pero, en su interior, realmente no tienen una muy buena opinión de sí mismos. Ellas son:

- Las personas jactanciosas
- Las personas inseguras
- Las personas impulsadas hacia el éxito
- Las personas intimidadas
- Las personas críticas/negativas
- Las personas materialistas
- Las personas sexualmente promiscuas

Esta lista podría continuar por varias páginas. Una de las más grandes tragedias de nuestros días es que millones de personas luchan con intensos sentimientos de inferioridad y con la falta de autoestima. Sin una sana imagen de nosotros mismos, sin la confianza de que Dios está en nosotros, a nuestro lado e impulsándonos, nos volvemos personas frágiles, lastimadas con facilidad y contraproducentes.

Si no tenemos cuidado, el ciclo de inferioridad comienza a tener preponderancia sobre nuestras vidas y las cosas comienzan a ponerse peor. El ciclo de inferioridad comienza con sentimientos de duda acerca de uno mismo, los cuales, si no se atienden debidamente, se transforman en odio hacia nosotros mismos. Cuando nos odiamos, frecuentemente elegimos conductas inapropiadas. Esto hace que la espiral gire dado que causa más autorrechazo, el cual produce continuamente sentimientos de duda acerca de uno mismo. Cuando empeora nuestra autoestima, nos damos cuenta de que nuestra conducta negativa se hace más destructiva, y la espiral continúa. Finalmente, recurrimos a las puertas de escape extremas como el abuso de drogas o alcohol, evasión, promiscuidad sexual, tendencias suicidas, agresión e ira para mitigar el dolor de nuestra baja autoestima.

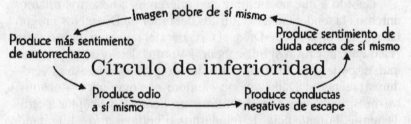

Imagen pobre de sí mismo

Produce más sentimiento de autorrechazo

Produce sentimiento de duda acerca de sí mismo

Círculo de inferioridad

Produce odio a sí mismo

Produce conductas negativas de escape

Este libro trata acerca de terminar con la continuidad del ciclo de inferioridad. Realmente es posible liberarse de muchas de las trampas de una imagen negativa de sí mismo. Tú puedes hacerlo solo. Tú necesitas la ayuda de Dios, de amigos y de la familia para que te estimulen positivamente, y también precisas el deseo de cambiar. Si tú tienes el deseo de ser todo lo que Dios intenta que seas, entonces has elegido vivir tu vida al filo de la navaja.

Me gusta la historia de Terry Foxe. Él es verdaderamente uno de mis héroes de todos los tiempos. Terry era un canadiense que para conseguir dinero para apoyar la investigación sobre el cáncer, eligió correr a través del Canadá desde la costa este hasta Vancouver, en la Columbia Británica. Más de 8000 kilómetros. Terry conocía íntimamente las necesidades de las víctimas del cáncer dado que su propio cuerpo estaba lleno de cáncer. Cada día corría con una sola pierna a través del Canadá el equivalente a una maratón de 42 kilómetros. La otra pierna le había sido amputada con anterioridad. El entusiasmo de Terry y su fervor por la vida captaron mi atención durante su heroica carrera, y me acuerdo de haberlo visto día tras día en las noticias. La gente, especialmente los niños, se agolpaban alrededor de él, y generalmente él se paraba frente a cualquier micrófono en un parque, un centro de compras o una iglesia. Decía con frecuencia: "No conozco el mañana, pero estoy agradecido por el día de hoy y estoy tratando de hacer lo más que pueda en este día que Dios me ha dado".

Su corazón agradecido fue una inspiración para millones de canadienses y personas de todo el mundo. Terry murió antes de completar su carrera. Sólo había sido capaz de correr 3520 kilómetros cuando fue llevado de vuelta a su casa para morir. Antes de morir, recibió la más alta medalla de honor del gobierno canadiense. Con una actitud positiva, Terry supo cómo tomar las más horribles circunstancias y transformarlas en victorias.

BELLEZA, CEREBRO Y DINERO

Un destacado psicólogo, el Dr. James Dobson, dice: "La belleza, la inteligencia y el dinero son los tres atributos a los que se da el más alto valor en nuestra sociedad".[1] Yo creo que él tiene toda la razón. Ya que la belleza, el cerebro y el dinero son tan altamente estimados por nuestro mundo, tienen la tendencia de ser los bloques más importantes en la construcción de una sana autoestima. En realidad, ninguno de estos "tres grandes significativos" son malos o pecaminosos en sí, pero cuando nos aproximamos a ellos desde un punto de referencia equivocado, pueden ser devastadores para nuestra propia imagen.

Belleza

¡No voy a pedirte que dejes de cepillarse los dientes o de usar desodorante! Yo creo que deberías hacer todo lo posible para lucir atractivo. Sin embargo, me espanta ver que todos vivimos bajo la presión de ser hermosos, especialmente considerando el hecho de que cerca del *80%* de los adolescentes en nuestra sociedad no les gusta cómo lucen![2]

Los medios de comunicación han colocado nuestra apariencia física sobre un pedestal inalcanzable para la vasta mayoría de nosotros. Con todo, millones de personas se esfuerzan por parecerse a las últimas estrellas de rock, ídolos de las películas y símbolos sexuales. Ahora escucha esto: *Dios no pone en primer plano de importancia la apariencia física y la fuerza.* Nuestra sociedad lo hace. Nuestro mundo depende de la belleza y de la capacidad. Si tú crees que exagero, todo lo que tienes que hacer es preguntarte : ¿quién recibe más atenciones en la vida, el carilindo o el feo? ¿Quién tiene más citas en el colegio secundario, la reina de la belleza o la chica hogareña? ¿Quién fue el presidente del cuerpo de estudiantes de la escuela secundaria local este año? Las probabilidades son que él o ella hayan sido personas con atractivo físico superior al promedio.

Para la mayoría de nosotros, no aceptar nuestra apariencia física devasta nuestra autoestima. El problema de nuestro aspecto físico comienza muy temprano. En mi libro de séptimo grado, Eddie Hovdy me escribió estas palabras:

> Dios creó los ríos,
> Dios creó los lagos,
> Dios te creó a ti, Jim,
> cualquiera comete errores.

Yo no recuerdo nada más de mi libro de séptimo grado, pero estas palabras quedaron grabadas en mi memoria para siempre. Aún hoy recuerdo ese día estar leyendo ese poema y dejar de lado mi libro para tratar de imaginar por qué yo no le gustaba a Eddie. Pensé en todas las características físicas que no me gustaban de mí mismo. Probablemente yo no le gustaba a Eddie por mi diente frontal partido, mis piernas velludas o mis cejas. Aparte, yo era mucho más bajo que Eddie. Por varios días estuve deprimido. Odiaba a Eddie pero también me odiaba a mí mismo porque no era tan buen mozo como él. Para decirle la verdad, Eddie probablemente había escrito ese tonto poema en cada libro pero, en séptimo grado, nadie me hubiese convencido jamás de eso.

Debido a que el aspecto físico juega un rol tan importante en nuestra autoestima, es extremadamente importante entender que Dios mira el interior y no la apariencia externa. Como nunca participé en concursos de "Mr. Universo", me gusta una conversación que Dios tuvo con el profeta Samuel. Dios estaba hablando con Samuel respecto a un hombre muy atractivo a quien Dios estaba a punto de rechazar como rey de Israel. Dios dijo:

> "No mires a su parecer, ni a lo grande de su estatura,
> porque yo lo desecho; porque Dios no mira lo que mira

el hombre; *pues el hombre mira lo que está delante de sus ojos, pero Dios mira el corazón.*"

1 Samuel 16:7 (énfasis mío)

Simplemente, Dios no pone el aspecto físico en primer lugar. Él mira la persona interior. El deseo de Dios es que poseamos una verdadera belleza interior. Él desea que nos demos cuenta de que Él estuvo involucrado en nuestra creación (Salmo 139.13-15) y que aún sigue involucrado en cada parte de nuestro desarrollo. Desafortunadamente, muchísima gente dedica demasiado tiempo y atención a su apariencia exterior y no lo suficiente a su belleza interior. Tú y yo conocemos a personas que son asombrosamente bellas en su exterior y miserables en su interior. Las personas más atractivas que conozco han desarrollado una belleza interior que se irradia aun hacia su exterior y los hace más bellos físicamente.

Cerebro

Durante mi niñez había un chico en el vecindario llamado Tomás al cual apodábamos "Alberto, mosca de las frutas". Lo apodábamos así porque tenía una apariencia sencilla y siempre estaba en las clases más atrasadas de la escuela. Hoy me avergüenzo de decir que fui yo uno de los instigadores de ese horrible apodo. Durante toda la escuela elemental, primaria y aún la secundaria lo llamábamos "Alberto, mosca de las frutas".[3] Todos nosotros nos asombramos de que se graduara del colegio secundario, pero lo hizo. Inmediatamente se mudó de nuestra ciudad y perdí todo contacto con él.

Sorpresivamente, nueve años después de terminar el secundario, Tomás me llamó y me dijo que venía a la ciudad por negocios y quería invitarme a almorzar. Elegimos la hora y el restaurante. Llegué primero al lugar. Un ejecutivo muy atractivo, que irradiaba confianza e inteligencia vino a mi encuentro, me extendió la mano y me saludó. ¡Jamás lo hubiese reconocido! Cuando nos sentamos, le pedí a Tomás que me contase su historia.

Me contó que durante toda su vida, sus padres lo compararon con su hermano mayor, el cual siempre recibía las mejores notas. Tomás supuso que era estúpido y feo debido a que eso era lo que todos le decían. Cuando se graduó del colegio secundario se mudó a otra parte de California. Cursó la universidad y, sin las influencias negativas, hizo una buena carrera. Comenzó a concurrir a un club cristiano en la universidad y finalmente selló un compromiso con Jesucristo. Tomás comenzó a darse cuenta de que, a los ojos de Dios, no era ni tonto ni feo. Dios creía en él aun cuando ni él mismo lo hacía. Tomás cursó la universidad e hizo su maestría. Se casó con una hermosa mujer y tiene dos hijos excelentes.

Terminé el almuerzo con dos emociones muy diferentes. Estaba absolutamente asombrado de que Tomás se había transformado en esta persona tan exitosa. Si Tomás lo podía lograr, cualquiera podría, con la ayuda de Dios. También sentí un profundo sentimiento de vergüenza por haber participado activamente en que sus primeros años fuesen infelices. Por favor, nunca olvide de que la idea de Dios respecto a la inteligencia es muy distinta a la del mundo.

Dinero

Existe una etiqueta adhesiva para los paragolpes de los autos muy popular en California del Sur, en la cual se puede leer: "La persona con la mayor cantidad de juguetes gana". Qué mentira. Más juguetes, más dinero, más cosas, no hacen la felicidad. En realidad, generalmente producen más vacío. No estoy sugiriéndote que

> Contrario a la enseñanza popular, éxito no se deletrea D-I-N-E-R-O.

vivas en una cueva. Sin embargo, te estoy desafiando fuertemente a que investigues si estás construyendo tu autoestima alrededor del mundo material. Si lo has hecho, prepárate para una desilusión en el futuro. En estos días, el mundo material parece ser la meta de todos, y muchos han vendido sus almas al todopoderoso dinero para alcanzar la cumbre financiera. Contrario a la enseñanza popular, éxito no se deletrea D-I-N-E-R-O.

Unos meses atrás decidí abordar el tema del dinero y la mayordomía en nuestro grupo juvenil de la iglesia. Comencé con un simple tema para abrir el debate:

"Pongámonos cómodos y compartamos qué queremos ser cuando seamos grandes".

Darío fue el primero. Dijo:

"Quiero ser rico".

Le repliqué:

"Muy bien, pero ¿qué quieres hacer para ser rico?"

Él contraatacó:

"Realmente no me importa qué hacer, solamente quiero hacer un montón de dinero, vivir al lado del mar y manejar un Porsche."

Al principio pensé que Darío estaba bromeando, pero parecía que el único que se había divertido con este comentario era yo. Todos los demás estudiantes tomaron esta declaración en su verdadero significado.

Otro joven del grupo dijo que quería ser un empresario. Otra vez me reí, pero él permaneció serio. Cuando yo estaba en el colegio secundario ni sabía qué era un empresario y aún hoy no puedo pronunciar esta palabra sin la ayuda de un diccionario.

Ahora bien, no estoy en contra del dinero ni de la necesaria persecución del dinero, pero lamentablemente Darío y algunos del grupo ponían su esperanza en el materialismo para lograr la felicidad. Habían aceptado la mentira de que si te vistes con la ropa adecuada, manejas el coche perfecto, compras lo mejor de cualquier cosa, entonces serás verdaderamente feliz.

Jesús dijo algunas palabras perspicaces respecto a nuestro mundo material: "Donde esté vuestro tesoro, allí estará también vuestro corazón". Recientemente escuché que un hombre decía a nuestra congregación: "Toda mi vida la pasé trepando la escalera del éxito. Cuando llegué a la cima, poseía una casa de un millón de dólares, un yate, automóviles y dinero suficiente como para hacer todo lo que deseara. Pero había perdido mi familia, mis amigos, mi autoestima y mi fe en Dios. Reconocí que había desperdiciado mi vida trepando por la escalera equivocada."

Las finanzas no son un tema de periferia de nuestra fe. Jesús pasó más tiempo hablando del dinero que del amor. Dijo:

"No os hagáis tesoros en la tierra, donde la polilla y el orín corrompen, y donde ladrones minan y hurtan; sino haceos tesoros en el cielo, donde ni la polilla ni el orín corrompen, y donde ladrones no minan ni hurtan. Porque donde esté vuestro tesoro, allí estará también vuestro corazón."

Mateo 6:19-21

El materialismo puede hacernos ir por la senda equivocada . En el año 1923 tuvo lugar una reunión muy importante en el Edgewater Beach Hotel en Chicago. Asistieron a esta reunión nueve de los financistas más importantes del mundo: Charles Schwab, magnate del acero; Samuel Insull, presidente de la empresa de servicios públicos más grande; Howard Hopson, presidente de la compañía de gas más grande; Arthur Cotton, el mayor especulador de trigo; Richard Whitney, presidente de la bolsa de valores de Nueva York; Albert Fall, miembro del gabinete presidencial; Leon Fraser, presidente del Bank of International Settlements; Jesse Livermore, el gran "oso" de Wall Street; e Ivan Krueger, cabeza del monopolio más poderoso.

Veinticinco años después, Charles Schwab murió en la bancarrota, habiendo vivido cinco años con dinero prestado antes de su muerte; Samuel Insull murió como fugitivo de la justicia, sin dinero en un país extranjero. Howard Hopson se volvió loco; Arthur Cotton murió insolvente, en el extranjero. Richard Whitney pasó un tiempo en Sing Sing; Albert Fall fue perdonado para que pudiese morir en su casa; Jesse Livermore, Ivar Krueger y Leon Fraser se suicidaron. Todos estos hombre habían aprendido el arte de cómo ganarse la vida, ¡pero ninguno de ellos había aprendido *cómo vivir*![4]

Las palabras de Jesús poseen mucho sentido:

> "Ninguno puede servir a dos señores; porque o aborrecerá al uno y amará al otro, o estimará al uno y menospreciará al otro. No podéis servir a Dios y a las riquezas"
>
> Mateo 6:24

MI NOMBRE ES "YO SOY"

Desarrollar una imagen positiva de sí mismo es un proceso de toda la vida. Tú no te despertarás una mañana y te dirás: "creo que tengo todo resuelto por el resto de mi vida". Obviamente no funciona de esta forma. Cuanto antes tú puedas construirte un fundamento sano para crecer en tu vida, y cuanto menos te enredes en las mentiras del mundo, más feliz serás. Tú no puedes sentirte molesto por tu pasado. Y preocuparte demasiado por tu futuro únicamente te va a entorpecer. Con frecuencia releo este poema, el cual me da una buena perspectiva:

YO SOY

Yo estaba lamentando mi pasado y
temiendo mi futuro...
De pronto habló el Señor:

"MI NOMBRE ES YO SOY".

Hizo una pausa. Yo esperé. Él continuó,

"CUANDO TÚ VIVES EN EL PASADO, CON
SUS ERRORES Y LAMENTACIONES, ES DURO. YO
NO ESTOY ALLÍ.
MI NOMBRE NO ES YO FUI."

"CUANDO TÚ VIVES EN EL FUTURO, CON
SUS PROBLEMAS Y TEMORES, ES DURO.
YO NO ESTOY ALLÍ.
MI NOMBRE NO ES YO SERÉ."

"CUANDO TÚ VIVES EN ESTE MOMENTO,
NO ES DURO. YO ESTOY AQUÍ.
MI NOMBRE ES YO SOY."

Helen Mallicoat [5]

Aquí hay un pequeño cuestionario para ayudarte a ver exactamente dónde necesitas ayuda en tu imagen de ti mismo.

	Mayoría de tiempo	A veces	Casi nunca
1. ¿Eres una persona criticona?	___	___	___
2. ¿Eres un mal oyente?	___	___	___
3. ¿Discutes con amigos o con la familia?	___	___	___
4. ¿Te considerarías una persona iracunda?	___	___	___
5. ¿Eres una persona que perdona?	___	___	___
6. ¿Te dejas impresionar por títulos, honores o grados?	___	___	___
7. ¿Tienes dificultad en aceptar cumplidos de otros?	___	___	___
8. ¿La gente que te conoce, te considera supersensible?	___	___	___
9. ¿Siempre quieres tener razón?	___	___	___
10. ¿Eres una persona celosa?	___	___	___
11. ¿Te cuesta perder en juegos, deportes y otros eventos?	___	___	___

Cada uno tiene sus peculiaridades en las que tiene que trabajar. Utilizando este cuestionario, haz una lista de las tres áreas en las cuales necesitas mejorar más y tres áreas en las que estás bien.

¿Qué puedes hacer para empezar a trabajar en tus áreas más difíciles?

La autoestima y la
presión de los compañeros

Tú y yo poseemos una necesidad increíblemente fuerte de ser amados y aceptados por nuestros amigos y nuestra familia. Actualmente, el impulso de ser apreciados es tan fuerte que haríamos casi cualquier cosa para ser aceptados por un grupo de compañeros. La presión de los pares es seguramente la lucha más dominante en la vida de la mayoría de nosotros.

¿Qué *fuerza* causa que una chica de dieciséis años llamada Julieta "recorra todo el camino" sexualmente, cuando ello iba en contra de sus principios? ¿Qué fuerza hizo que a los catorce años Tomás se bebiera seis latas de cerveza con algunos de sus "amigos" nuevos? Sus padres habían salido, por lo cual sus amigos lo convencieron de robar el automóvil de la familia y salir a divertirse. A él no le satisfacía el gusto del alcohol; estaba mortalmente asustado de que lo pudiesen detener con el coche. Ni siquiera le gustaba realmente el grupo con el cual estaba bebiendo. ¿Qué fuerza, qué presión causa que la gente haga cosas que realmente no quiere hacer? La presión de los pares.

Julieta comenzó a concurrir a un nuevo colegio. Deseaba estar en el grupo popular y no estaba en él. No le gustaba su apariencia. Cuando jugaba el juego de las comparaciones, perdía.

Por lo tanto empezó a frecuentar un grupo más desenfrenado de lo que ella estaba acostumbrada y fue a una de sus fiestas. Bebió demasiado pero no se dio cuenta de cuánto. Luego de un par de tragos más, ya no estaba en control de sus emociones y su voluntad estaba nublada. Se le acercó un muchacho, el cual le gustaba mucho, y comenzó a cortejarla. Lo próximo que supo fue que se estaban besando. Él la convenció de ir a un dormitorio en la parte trasera. Julieta deseaba tanto agradar a este muchacho, que le permitió tener sexo con ella. Era su primera vez. Hoy Julieta tiene seis meses de embarazo.

Tomás deseaba ser aceptado por el grupo de sus vecinos, algo mayores que él. No quería que lo conociesen como el muchacho cristiano buenazo. Bebió demasiado, tomó el automóvil de sus padres con sus "amigos" adentro y chocó el automóvil en el centro de San Clemente, California. Afortunadamente, aunque el vehículo se destruyó por completo, ninguno fue herido seriamente. Esta vez tuvieron suerte.

No se equivoque al respecto, la presión de los pares es extremadamente poderosa. El poder de conformar y comprometer para pertenecer y ser aceptado es una de las más duras batallas que usted deberá enfrentar siempre.

El apóstol Pablo resume uno de sus más profundos sentimientos con estas palabras:

"Porque lo que hago, no lo entiendo; pues no hago lo que quiero, sino lo que aborrezco, eso hago. Y si lo que no quiero, esto hago, apruebo que la ley es buena. De manera que ya no soy yo quien hace aquello, sino el pecado que mora en mí. Y yo sé que en mí, esto es, en mi carne, no mora el bien; porque el querer el bien está en mí, pero no el hacerlo. Porque no hago el bien que quiero, sino el mal que no quiero, eso hago. Y si hago lo que no quiero, ya no lo hago yo, sino el pecado que mora en mí. Así que, queriendo yo hacer el bien, hallo esta ley: que el mal está en mí. Porque según el hombre interior, me deleito en la ley de Dios; pero veo otra ley en mis miembros, que se rebela contra la ley de mi mente, y que me lleva cautivo a la ley del pecado que está en mis miembros. ¡Miserable de mí! ¿Quién me librará de este cuerpo de muerte? Gracias doy a Dios, por Jesucristo Señor nuestro. Así que, yo mismo con la mente sirvo a la ley de Dios, mas con la carne a la ley del pecado."

Romanos 7.15-25

La batalla contra la presión de los compañeros es una guerra que tú lucharás por el resto de tu vida. Nunca será fácil sobreponerte a la tensión de comprometer valores verdaderos para ser aceptado por el grupo. Los adultos luchan con la presión de los compañeros cada día. Yo creo que lo que quiero expresar es lo siguiente: la presión de tus semejantes *no* es algo de lo que vas a verte librado cuando madures.

Sin embargo, a medida que descubras tu autoestima enraizada en el amor de Dios, puedes vencer esta batalla. Por el hecho de que tengas que enfrentar la presión de tus semejantes, no significa que por el resto de tu vida no puedas vencerla. La influencia negativa de los compañeros es una batalla que tú puedes vencer.

He aquí dos principios que, cuando los apliques en tu propia vida, te ayudarán a vencer esta batalla:

No subestimes la influencia de tus amigos

Este principio importante será expuesto con mayores detalles en el capítulo siete pero, por ahora, recuerda esto: que tú eres igual que tus amigos, es un hecho. Por un momento piensa en tus dos o tres mejores amigos. Ahora, considera cuántas cosas tienes tú en común con ellos. Generalmente tienden a vestirse en estilo similar, les gusta el mismo tipo de música y gozan de las mismas actividades e intereses. La lista podría seguir indefinidamente.

Aun cuando algunos no desean oírlo, la verdad es ésta: si tus amigos más íntimos están experimentando con drogas, la mayor probabilidad es que tú harás lo mismo. Si tus amigos son sexualmente promiscuos, con el tiempo también te inclinarás en esa dirección. Nos convertimos en personas iguales a aquellas con las cuales alternamos y las cuales influyen en nosotros.

Un muchacho de catorce años me preguntó: "de todos modos, ¿qué es lo importante respecto a mis amigos?" Le repliqué: "dame tú la respuesta". Él fue a un pizarrón e hizo un listado con sus impresiones. Mis amigos me influyen en:

- Lo que pienso de mí mismo.
- Qué vocabulario empleo.
- Qué pienso de mis padres.
- Cómo me visto.
- Qué está de moda y qué no.
- Qué pienso respecto a mis maestros.
- Cómo actúo.
- A qué fiesta debo ir.
- Cuáles son los estudios importantes.
- Si debo beber o fumar.
- Qué está bien y qué está mal.

- Cuándo tener espíritu de equipo y cuando no.
- Si debo ir a la iglesia.
- Cómo debo gastar el dinero.
- Qué quiero ser cuando me gradúe del colegio secundario.

Luego que él hizo una lista con quince de sus propias respuestas, lo miré y dije: "creo que has contestado tus propias preguntas". Ahora déjame hacerte una pregunta. ¿Tus amigos te animan y mejoran tu imagen de ti mismo o te desalientan y en realidad lastiman esa imagen? Sólo tú puedes contestar esta pregunta honestamente en la intimidad de tu corazón. Yo solamente te diría, no subestimes la influencia de tus amigos.

Atreverse a ser diferente

Ya que tú eres único y muy especial a los ojos de Dios, puedes atreverte a ser diferente debido a que eres amado y aceptado por el que más importa, Dios. Me gusta la manera en que un hombre llamado J.B. Phillips tradujo un versículo del libro de los Romanos, donde dice: "No permitan que el mundo alrededor vuestro los *comprima* dentro de su propio molde, sino permitan a Dios remo-

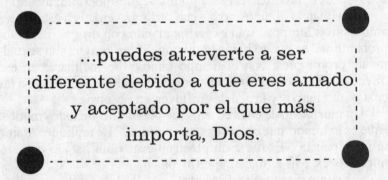

...puedes atreverte a ser diferente debido a que eres amado y aceptado por el que más importa, Dios.

delar vuestras mentes desde el interior, para que ustedes puedan probar en la práctica que el plan de Dios para ustedes es bueno, cumple con todas sus demandas y se dirige hacia la meta de madurez real" (12.2).

En tu reunión de diez años de graduación del colegio secundario, observarás que muchos de tus amigos permitieron que la influencias negativas los compriman conforme al mundo exterior. Roberto estaba en mi grupo juvenil y tenía problemas como todos, pero de alguna manera él generalmente se las ingeniaba para pasar por encima de la presión de sus compañeros. Le pregunté cuál era su secreto y me dio una excelente lección que se las voy a transmitir. Roberto lo llamó su prueba de inventario "¿te importará o lo recordarás?" Así es cómo funciona. Él escribió estas palabras en un pedazo de papel.

"Diez años después de que haya dejado el colegio, aún me importará o recordaré a:

- ¿La chica o muchacho mejor vestido que yo?
- ¿El atleta número uno del colegio?
- ¿La reina de la belleza o el muchacho más atractivo?
- ¿La persona con el automóvil más caro?
- ¿Los nombres de cinco personas de una pandilla que no me querían aceptar en su grupo?
- ¿Quién participó o no en las fiestas más desenfrenadas?

¿Qué importará realmente de aquí a diez años? Si tú y yo somos honestos con nosotros mismos, un montón de cosas que nos afligen respecto a la aceptación de nuestros semejantes, ya no nos importarán dentro de pocos años.

Hoy Dios te ha dado veinticuatro horas para vivir la vida en su máxima plenitud. Son 1440 minutos o 86.400 segundos. Tú puedes efectuar un gran negocio con los 1440 minutos del día. Espero que hagas hoy un inventario de tu vida y decidas realmente no seguir a la multitud sino que te atrevas a ser diferente.

Dado que me gusta contar historias, antes de terminar este capítulo, tengo una historia tonta acerca de mí y la presión de los compañeros. Cuando estaba en el octavo grado tuvimos en casa una fiesta en las que todos se quedaban a dormir en casa. Eran las 2:30 de la madrugada y aún continuábamos firmes. Mis padres nos habían dejado para irse a dormir. Igual que otros muchachos en reuniones semejantes, comenzamos jugando un juego llamado: "te desafío". Básicamente era un juego de presión de los compañeros y hacíamos cosas realmente fantásticas para ser aceptados por nuestro grupo.

Solamente recuerdo algunos de los desafíos, pero eran cosas como treparse a un árbol en el patio trasero y golpear en la puerta del vecino (¡nuestros pobres vecinos!) Mi amigo John Garrett tenía que ponerse sus calzoncillos[1] sobre su cabeza y correr alrededor del patio. Como ya dije, eran desafíos tontos, insólitos. Cuando llegó mi turno, el grupo me desafió a ir a dos puertas más allá de nuestra casa, al area de estacionamiento del supermercado y comprar un periódico. Para ese entonces eran las 3:30 de la mañana. Dado que deseaba ser aceptado por el grupo, dije que lo haría. Vestido solamente con mis calzoncillos (¿qué más usan los chicos del octavo grado en una reunión donde se quedan a dormir?) y con mi corazón golpeándome fuertemente, corrí al supermercado y puse una moneda de veinticinco centavos en la máquina expendedora de periódicos. Miré casualmente a la puerta siguiente del negocio de rosquilla de Winchell. ¿Quién puede estar observando desde un negocio de rosquillas a las 3:30 de la mañana? Si piensa usted que puede ser un policía, acertó. Había un oficial de policía comiendo una rosquilla y tomando un café, literalmente, a siete metros de donde yo estaba. Sentí que me iba a desmayar. De pronto, nuestros ojos se encontraron. Su luz se encendió y quedé atrapado. No solamente me sentía como un criminal sino que, en mis calzoncillos, me sentía como un sátiro sexual.

Me hizo preguntas. Le conté del juego "te desafío" y que vivía a la vuelta de la esquina. Me hizo subir a su patrullero y me llevó a casa. Para ese momento, mis amigos que habían estado ocultos detrás del supermercado en *sus* calzoncillos, habían regresado todos a mi casa y estaban dentro de sus bolsas de dormir simulando que estaban dormidos. A las 3:50 a.m. el oficial de policía, con su rosquilla en la mano, golpeó ruidosamente en nuestra puerta principal. Mi padre escuchó los golpes en la puerta y se enojó pensando que era mi grupo de chistosos. Marchó hacia la puerta, encendió la luz y nos miró con el ceño fruncido, pero sólo por un momento. Entonces se percató de que su hijo menor estaba parado al lado de un oficial de la ley. Miró al oficial y luego me miró a mí en mis calzoncillos. Pero la cosa más graciosa fue que cuando el oficial de policía comenzó a relatar lo que había pasado recién, comenzó a reírse. Mi padre estaba parado en la puerta también en calzoncillos. No hace falta decir que finalmente el problema quedó superado. Recuerdo esta experiencia y me río. Sin embargo, es una de esas perfectas ilustraciones acerca de que estamos dispuestos a hacer casi todo para ser aceptados.

Manejando tus emociones: ¿Soy normal?

Recientemente le pedí a un pequeño grupo de estudiantes de la secundaria que eligiesen las emociones más difíciles para los adolescentes, de la lista que indico a continuación:

Preocupación	Mal humor
Tensión	Soledad
Temor	Depresión
Ansiedad	Ira
Culpa	Pasión

Un estudiante muy astuto del décimo grado levantó su mano y simplemente declaró: "usted acaba de hacer una lista de mi autobiografía". Nos reímos todos pero, cuanto más hablábamos, más nos dábamos cuenta de que para mucha gente, los años de la adolescencia están llenos de emociones intensas, que frecuentemente pueden estar fuera de control. Cuando las emociones están fuera de control, uno de los síntomas es la baja autoestima.

Aceptémoslo, estamos viviendo en una sociedad rápida, llena de presiones, en la cual tan sólo mantenerse es un desafío constante. Cuando tú mezclas esto con todos los cambios que se producen en la vida de un adolescente normal, desde tensión social, tensión física, tensión en el colegio, tensión con los padres, tensión sexual, tensión por la presión de los pares, tensión religiosa y todo lo demás, tienes el potencial para quebrarte bajo todas estas presiones.

Las presiones vienen de todas direcciones. No sé de dónde conseguí estas frases referentes a lo que les preocupa a los adolescentes, pero me gustan. A los adolescentes les procupa:

- que en un beso largo tendrás que respirar por la nariz y la nariz estará apretada
- que tengas mal aliento
- que tengas mal olor
- que si es una chica, no tenga pechos
- que si es un muchacho, *tenga* pechos
- que si es un muchacho, nunca será capaz de que le crezca el bigote
- que si es una chica, *tenga* bigote
- que cuando vaya al baño, la gente lo oiga
- que la cerradura de la puerta del baño no funcione. O que alguien entre.

La gran pregunta que mucha gente se hace durante los años de la adolescencia es: "¿soy normal?" Para muchas personas, existen momentos en los cuales puede estar deprimido y completamente feliz en el mismo día. Yo creo que es posible estar consumiéndose con la ansiedad de una relación trunca y al minuto siguiente sentirse completamente en paz. Tú puedes sentirte culpable respecto a una pequeña falta, o tu conciencia puede no conmoverse cuando comprometes verdaderamente tus convicciones en gran forma.

Las emociones son criaturas extrañas. En el mismo instante en el que crees haber domado cierta emoción, la misma estalla peor de lo que jamás hayas podido imaginarse. ¿Es posible confiar en tus sentimientos y emociones? ¿Por qué actúas de la forma en que lo haces? ¿Eres normal o un poco loco? Si éstas son tus preguntas, bienvenido a los años de la adolescencia. *¡Nadie dijo que iba a ser fácil!*

La mayoría de las personas parecen creer (o quieren creer) que en este lado del cielo existe un mundo en el cual estaremos libres de problemas y de dolores; un mundo de íntimas relaciones y pocos conflictos con otros y con nosotros mismos; un mundo en el cual estamos constantemente en armonía con Dios. Lamentablemente, este mundo no existe de este lado del cielo. La frase con que empieza uno de los libros más vendidos de este siglo, *A Road Less Traveled* (*"Un camino Poco transitado"*) es: "La vida es difícil". Amigo, no siempre la vida es justa. En la vida de todos hay momentos difíciles.

Nuestras emociones jugarán un papel importante en cómo nos sentimos respecto a la vida. Este capítulo no tiene la intención de ser una mirada profundamente psicológica a las emociones de los adolescentes sino más bien una fuente práctica para ayudarte a pasar por los momentos difíciles.

Jesús concluyó el más grande sermón jamás predicado con esta ilustración:

> Cualquiera pues, que me oye estas palabras, y las hace, le compararé a un hombre prudente, que edificó su casa sobre la roca. Descendió lluvia, y vinieron ríos, y soplaron vientos, y golpearon contra aquella casa; y no cayó, porque estaba fundada sobre la roca. Pero cualquiera que me oye estas palabras y no las hace, le compararé a un hombre insensato, que edificó su casa sobre la arena; y descendió lluvia, y vinieron ríos, y soplaron vientos, y dieron con ímpetu contra aquella casa; y cayó, y fue grande su ruina.

Mateo 7:24-27

El espíritu de esta historia es el siguiente: Nos recuerda que la lluvia, el viento y las tormentas le sobrevienen a todos. Nadie está exento de malos momentos. La forma en que nos *preparamos* para las tormentas de la vida hacen la diferencia en el mundo. Lo que tú haces con tu fundamento es tu elección. Tú puedes construir tu vida sobre una roca, o apostar a hacerla sobre la arena.

Cinco principios importantes

He aquí cinco principios para evitar que tu vida se desmorone bajo la presión:

- Manténte sano
- Desarrolle relaciones con significado
- Evite el negativismo
- Extiende tu mano hacia otros
- Vive un día a la vez

Manténte sano

Generalmente, las personas que no son saludables, son infelices. Para combatir las intensas emociones negativas, es importante vigilar lo que comes, mantener tu cuerpo en buen estado físico, dormir lo suficiente, y tener tiempo para relajarte. ¿Cómo te encuentras en cada una de estas áreas? Si solamente una de esas áreas está en malas condiciones, no puedes vivir la vida en su máxima plenitud.

Cuando tú pones en orden tu vida física, te sentirás con mayor control de las otras partes de tu vida. Cuando estoy cansado, soy un gruñón. Cuando permito que mi cuerpo sobrepasase el nivel de agotamiento, experimento sentimientos de ira, depresión y preocupación. Dios creó nuestros cuerpos para que funcionen a la par de nuestra mente y nuestro espíritu. La mayor probabilidad es que si tú no cuidas tu cuerpo, las otras áreas de tu vida también se encontrarán en un estado lamentable.

> **Hacer buenas decisiones respecto a tu futuro significa, primera y principalmente, responder al llamado de Dios en tu vida.**

Este párrafo de la Biblia me recuerda por qué necesito mantener sano mi cuerpo:

> "¿O ignoráis que vuestro cuerpo es templo del Espíritu Santo, el cual está en vosotros, el cual tenéis de Dios, y que no sois vuestros? Porque habéis sido comprados por precio; glorificad, pues, a Dios en vuestro cuerpo y en vuestro espíritu, los cuales son de Dios."

1 Corintios 6:19-20

Si tú estás experimentando emociones negativas intensas, entonces, por lo que más quieras, sométete primero a un examen médico. Conozco a una mujer joven que estaba experimentando un mal humor extremo y una depresión severa. Intentó todo para salir de su desesperación por sí misma. Finalmente visitó a su médico y se encontró con que, conjuntamente con un ciclo menstrual irregular y doloroso, tenía un desbalance hormonal. El médico le recetó un tratamiento para corregir el problema físico y los problemas emocionales desaparecieron también.

Para mantenernos sanos debemos mantener sana también nuestra mente y nuestros patrones de pensamiento. Acceder a la consejería es una opción positiva para cualquiera que está luchando.

Cuando yo estaba en la escuela para graduados y estudiaba consejería, era obligatorio que aquellos que estábamos en ese programa recibiéramos consejería. Al principio no quería ir, después de todo, yo no estaba loco. Cuando concluí con las ocho sesiones de consejería, puedo decir honestamente que esas sesiones con un consejero fueron algunos de los momentos más liberadores que jamás experimenté. Tu cuerpo, mente y espíritu están conectados entre sí, por lo tanto, no los descuides cuando trates de estar sano.

Desarrolle relaciones con significado

Pasa tiempo con gente positiva, edificante. Todos necesitamos arriesgarnos para alcanzar relaciones más íntimas. Estoy convencido de que la mayoría de nosotros nos relacionamos demasiado con gente que llamamos conocidos y no lo suficiente con los que llamamos amigos íntimos.

Cristina se destacaba en las canciones, era una nadadora excepcional y muy activa en mi grupo juvenil de la iglesia. Un día me llamó y me confesó lo siguiente: "Jim, no tengo ningún amigo. No le gusto a nadie. Nadie me conoce." Cristina se doblegó completamente ante mí. Yo había dado por sentado que, por el hecho de ser activa, tenía amigos íntimos con los cuales podía compartir sus penas, sueños y alegrías. Me dijo: "nunca me llama nadie, por eso estoy sentada en casa cuando todo el mundo hace algo". Cuando investigamos este problema juntos, encontramos que otros suponían que Cristina estaba ocupada, por lo que no se tomaban la molestia de llamarla. Nosotros aprendimos que Cristina necesitaba *iniciar* relaciones con otros. Cuando ella hizo las llamadas y planeó realizar cosas con otros, todos estaban sinceramente entusiasmados de pasar tiempo con ella.

Quizás, la movida más inteligente que hizo Cristina fue emprender un "grupo de apoyo" semanal con otras tres chicas de nuestra congregación. No era parte del programa de la iglesia. Ellas consiguieron que lo fuese. Estas cuatro chicas lograron la mejor de las amistades y sus reuniones semanales continuaron a lo largo de la secundaria. Cristina se graduó de la secundaria con un mejor modo de vivir gracias a que eligió arriesgarse desarollando relaciones con significado.

Evite el negativismo

Las personas que son negativas, criticonas, discutidoras y autocensuradoras, no son felices. El pensar negativamente es una mala costumbre. ¿Sabías tú que sólo toma de tres a seis semanas formar un hábito para toda la vida? Si tú tiendes a estar del lado negativo, en realidad puedes dar vuelta algunas de tus malas costumbres en tan sólo tres semanas. Toma trabajo, pero vale la pena.

He aquí lo que me ayuda a mí: *terapia de agradecimiento*. Todos los días hago la elección de decidir si en mi andar por la vida voy a ser una persona que gruñe y se queja o si estaré lleno de agradecimiento. Realmente depende de mí.

La Biblia dice:

> "Dad gracias en todo, porque ésta es la voluntad de Dios
> para vosotros en Cristo Jesús"

1 Tesalonicenses 5:18 (LBLA)

La nueva versión internacional nos urge a

> "*dar gracias en todas las circunstancias...*".

Observe que las Escrituras no dicen que debemos ser agradecidos *por* todas las situaciones, sino que dicen que debemos ser agradecidos *en* todas las situaciones. ¡Qué ridículo es estar agra-

> ...viejo proverbio indio que dice:
> "yo me quejaba porque no tenía
> zapatos hasta que me encontré
> con un hombre que no tenía pies."

decido *por* un problema negativo! Pero cuando somos desafiados a ser agradecidos *en* todas las circunstancias, es mucho más fácil comprender que, aun en los momentos de dificultad, existen razones para estar agradecidos.

En algún momento, todos nosotros comenzamos a sentir pena de nosotros mismos. A veces sentimos que hemos agarrado "el palo por la punta más corta". Sin embargo, para nosotros es importante tener una actitud de agradecimiento. No importa lo que seas tú, o que problemas te han salido al cruce, tú tienes una gran cantidad de razones para estar agradecido. A veces necesitamos que nos recuerden el viejo proverbio indio que dice: "yo me quejaba porque no tenía zapatos hasta que me encontré con un hombre que no tenía pies."

Tú puedes evitar el negativismo y practicar el agradecimiento. Para mí, la terapia del agradecimiento dirige mis pensamientos a las razones por la cuales estoy agradecido. Tengo la tendencia a tener una visión de túnel y olvidarme de las tantas, tantas razones para estar agradecido. He aquí mi sugerencia: cuando te sientas negativo, haz una lista de todas las razones posibles por las cuales estar agradecido. Cuando tomes conciencia acerca de esas cosas, no podrás continuar siendo criticón y negativo. La práctica hace a la perfección, por lo tanto, quizás sea hora de dejar de lado este libro y hacer del agradecimiento un hábito.

Extiende tu mano hacia otros

Básicamente existen dos tipos de personas en el mundo: las centradas en el "ego", "yo primero", personas absorbidas por sí mismas, o las que están centradas en otras personas. Piensa por un momento en las personas más felices que conoces. Posiblemente sean las personas más centradas en otras que tú conozcas.

Quiero simplificar este punto. Si quieres ser feliz, conviértete en una persona que extiende su mano a otras.

1. Haz favores a tus amigos y a tu familia.
2. Ofrece cumplidos.
3. Está dispuesto a servir.
4. Recuerda, escuchar es el idioma del amor.

Si no te sientes feliz, entonces echa una mirada seria a cuánto de tu vida gira alrededor de ti mismo. Las personas centradas en sí mismas siempre lucharán contra la inferioridad. Escuché una historia respecto a una mujer que era negativa, criticona, enferma y profundamente deprimida. Había ido de un médico a otro buscando cura. En cada ocasión, los médicos le efectuaban extensas pruebas y no le encontraban nada anormal físicamente. Finalmente visitó a un viejo y sabio médico. En vez de examinarla sólo físicamente, escuchó lo que él llamaba su "enfoque en mí". Él persibio que ella necesitaba dejar de mirarse interiormente y comenzar a extrovertirse.

Cuando terminó con su examen, le pidió que fuese a su oficina. Allí le extendió una receta. Decía: *Haga algo agradable para alguien por catorce días seguidos y luego vuelva a verme.* Ella dijo:

"¿Eso es todo?"

Él sonrió y dijo:

"Eso es todo. Pruebe esta receta y yo creo que se sentirá 100% mejor."

Bueno, ella hizo algo agradable para otros todos los días por dos semanas. Sus dones de servicio no eran para hacer temblar la tierra. Estaban más bien en la línea de hornear bizcochos para una mujer anciana sola en su vencindario y tomarse realmente el tiempo para escuchar a un amigo dolorido. Por dos semanas le dio gozo efectuar pequeños actos especiales de amor para otros. Entonces se dio cuenta de que el médico tenía razón. Se sentía mejor de lo que jamás recordaba haberse sentido. Quizás aprendamos una lección de esta historia.

Vive un día a la vez

Jesús nos dio un importante consejo cuando dijo: "No te preocupes por el mañana, el cual se preocupará por sí mismo. Cada día trae suficiente problema en sí mismo". En otras palabras, viva un día a la vez. ¿Sabías que...

85% de nuestras preocupaciones nunca se cumplirán?
10% de nuestras preocupaciones se cumplirán te preocupes o no?
5% de nuestras preocupaciones son valederas?

Conozco a un hombre que vivía su vida con esta fórmula:

"Si cada día es vivido tal como viene, cada tarea es hecha cuando se presenta, entonces la suma de tus días será buena."

Murió como un hombre muy feliz y satisfecho.

Tú puedes vivir tu vida con propósito. Puedes tomar la responsabilidad de tu propia felicidad. Es hora de dejar de culpar a otros, o a las circunstancias, por tu infelicidad. Tú puedes elegir la felicidad aun en medio del dolor. Fue Abraham Lincoln quien una vez dijo: "la mayoría de la gente es tan feliz como elige serlo". Tú puedes serlo un día a la vez.

La vida es demasiado corta como para enfocarse en lo mundano en lugar de lo milagroso.
La vida es demasiado corta para guardar un rencor.
La vida es demasiado corta para mantener su habitación perfecta.
La vida es demasiado corta como para dejar pasar un día sin abrazar a un ser querido.

Es demasiado corta para dejar la Biblia y la oración de
lado, o quedarse adentro, o elegir lo secundario.
La vida es demasiado corta, el camino es demasiado
corto, para elegir la mediocridad.

Si quieres prepararte para las tormentas emocionales de la
vida que se interpondrán en tu camino, deberás empezar por lo
pequeño. Impónte metas específicas que te hagan esforzarte pero
que sean alcanzables. Experimenta pequeños éxitos a lo largo del
camino. El crecimiento requiere esfuerzo. Aun cuando no te
sientas como para eso, hazlo igual. Tus sentimientos frecuentemente vendrán después de tus acciones. Y nunca, nunca olvides
que Dios cree en ti, desea lo mejor para ti y está dispuesto a
recorrer contigo tus momentos más difíciles.

He aquí una oración que ha sido realmente de ayuda
para mí. Se llama Oración de la Serenidad:

Dios, concédeme la serenidad
para aceptar las cosas que no puedo cambiar,
el valor para cambiar las que puedo,
y la sabiduría para distinguir la diferencia.

San Francisco de Asís.

6

Buenas noticias para personas imperfectas

Unos años atrás, escuché la historia de un hombre adulto muy distinguido, vestido con un traje ejecutivo con chaleco, el cual realmente irritó a todo el sector del centro de Chicago. Una mañana brillante y afanosa, con miles de personas yendo a sus oficinas sobre la avenida Michigan en el centro de Chicago, este caballero impecablemente vestido se paró en la esquina de una calle, apuntó con su dedo a otra persona y gritó: "¡*culpable!*" Las personas que estaban a su alrededor supusieron que estos hombres se conocían. Pero no era así. Caminó alrededor de la esquina, miró a otro y nuevamente gritó con el máximo de su voz mientras apuntaba a otro extraño: "¡*culpable!*"

Por más de tres horas, este hombre de apariencia tan distinguida caminó por la avenida Michigan. *Se paraba, se daba vuelta, señalaba y gritaba:* "¡*culpable!*" *Al principio, la gente creía que estaba loco. Cientos de personas comenzaron a seguirlo, observándolo. Algunos pensaron que quizás poseía algún tipo de intuición espiritual, dado que todo aquel a quien señalaba era* culpable. Empezaron a preguntarse: "¿cómo lo sabía?" ¿Era un profeta? Finalmente, tan repentinamente como apareció se fue y nunca más se escuchó nada de él.

¿Por qué tanta conmoción con este tipo? Probablemente fue porque en el interior de cada ser humano hay un sentimiento de culpa. Sentimos que hemos errado el blanco. La Biblia nos habla de esas malas noticias de esta forma: "por cuanto todos pecaron, y están destituidos de la gloria de Dios" (Romanos 3.23). También dice que el precio del pecado es la muerte o separación espiritual de Dios. El verbo "pecar" significa literalmente errar el blanco. Si tú piensas en un blanco y cómo la flecha yerra el centro, entonces entenderás qué significa errar el blanco. Dios es perfecto, nosotros no. Debido a que no somos perfectos erramos el blanco de la rectitud de Dios. Por eso nos sentimos culpables y ésas son malas noticias.

La forma en que yo recuerdo más perfectamente el término "errar el blanco" es a raíz de una de mis historias más vergonzosas. Cathy y yo nos habíamos convertido en lo que llamamos "noti-

> ¡Los humanos guardan rencores y recuerdan las malas acciones. Dios nos da una pizarra limpia.

cia". Nos habíamos puesto de novios. Aún no la había besado nunca, pero por meses practiqué cada noche con la almohada cómo iba a besarla (¡No puedo creer que estoy contando esta historia!). Cada noche cerraba mis ojos, inclinaba mi cabeza e imaginaba que besaba a Cathy en los labios. Llegó la noche en la cual tuve ese presentimiento especial de que iba a besarla en verdad, en lugar de besar la almohada. Habíamos ido a una fiesta de Navidad y cuando la llevé hasta la puerta de su dormitorio, de alguna forma supe que éste era el momento que había estado esperando. Cerré mis ojos, incliné mi cabeza y la próxima cosa que supe fue que sentí algo extraño en mis labios. ¡Abrí mis ojos y vi que había errado sus labios y había besado la ventana derecha de su nariz! Esa noche manejé a casa gritando dentro de mi automóvil: "¡Erré a sus labios! ¡Erré a sus labios!"

Bueno, creo que ya tienes una descripción respecto a errar el blanco. Ahora, a las buenas noticias.

¡Hay buenas noticias para los que no son perfectos! No tenemos que seguir siendo culpables por haber errado el blanco. En Cristo podemos ser liberados de nuestro pecado. Y ésa es una gran noticia. Déjame explicarte. *Los caminos de Dios son diferentes a los nuestros.* Muchas personas con buenas intenciones poseen un error de concepto cuando se trata de su impresión respecto a Dios. Algunos piensan que Dios es un Dios de obras. Piensan que debemos *ganar* Su amor de la misma manera que ganamos grados en el colegio. Están equivocados. Nuestro Dios es un Dios de gracia. Gracia significa favor inmerecido. En otras palabras, tú no tienes que hacer nada para recibir Su amor. El Nuevo Testamento lo expresa de esta manera:

> "porque por gracia sois salvos por medio de la fe; y esto no es de vosotros, pues es don de Dios; no por obras, para que nadie se gloríe"

> Efesios 2.8-9

Otros piensan que Dios es lento para perdonar. Quizás ellos vivan en una familia en la cual se guarda rencores. Pero el perdón de Dios está para que lo pidamos. Los humanos guardan rencores y recuerdan las malas acciones. Dios, en realidad, se olvida de los pecados confesados. Nosotros somos los que volvemos a traer el pasado. Dios nos da una pizarra limpia. Me gusta lo que dice un pastor respecto al perdón: "tú no tienes el derecho de rastrear cualquier cosa que Dios haya perdonado y olvidado. Él lo ha puesto en olvido."[1] Los caminos de Dios son diferentes a los nuestros, y si alguna vez queremos establecer un sentido positivo de autovaloración, debemos entender Sus caminos.

Dios te ama incondicionalmente

Tú eres amado no por lo que haces sino por lo que eres, Su hijo. Si tú te pareces, tú crees, tú dudas, te desalientas, peleas con aquellos que amas, comprometes tus acciones para ser aceptado, justificas tus defectos, vas en contra de lo mejor de Dios para tí, y *Dios te ama por lo que eres.*

Para ser libre tú debes creer que Dios te ama por lo que eres y no por lo que deberías ser. Cuando una de mis preciosas hijas se pela una rodilla, yo no le digo: "¡criatura estúpida! ¡Tú eres la niña más estúpida de toda California!" Yo la levanto y le aseguro que cualquiera tropieza y cae cuando aprende a caminar.

El amor incondicional de Dios es bellamente expresado en esta historia de una mujer sorprendida en un pecado sexual:

> "Jesús se fue al monte de los Olivos. Y por la mañana volvió al templo, y todo el pueblo vino a él; y sentado Él, les enseñaba. Entonces los escribas y los fariseos le

trajeron una mujer sorprendida en adulterio; y poniéndola en medio, le dijeron: Maestro, esta mujer ha sido sorprendida en el acto mismo de adulterio. Y en la ley nos mandó Moisés apedrear a tales mujeres. Tú, pues, ¿qué dices? Mas esto decían tentándole, para poder acusarle. Pero Jesús, inclinado hacia el suelo, escribía en tierra con el dedo. Y como insistieran en preguntarle, se enderezó y les dijo: El que de vosotros esté sin pecado sea el primero en arrojar la piedra contra ella. E inclinándose de nuevo hacia el suelo, siguió escribiendo en tierra. Pero ellos, al oir esto, acusados por su conciencia, salían uno a uno, comenzando desde los más viejos hasta los postreros; y quedó sólo Jesús y la mujer que estaba en medio. Enderezándose Jesús, y no viendo a nadie sino a la mujer, le dijo: Mujer, ¿dónde están los que te acusaban? ¿Ninguno te condenó? Ella dijo: Ninguno, Señor. Entonces Jesús le dijo: Ni yo te condeno; vete, y no peques más."

Juan 8:1-11

¡Qué historia! Imagínate por un momento todos esos hombres con piedras en sus manos, listos para apedrear a muerte a esa mujer por haber sido sorprendida en el acto mismo del adulterio (siempre me pregunté qué le pasó al hombre de esta historia). ¿Qué iba a decir Jesús? Después de todo, la ley de Moisés decía que ellos tenían el derecho de matarla. Jesús se levantó ante ellos, los miró a sus ojos de superioridad y dijo: "Si alguien de ustedes está libre de pecado, que sea el primero en arrojar una piedra hacia ella." Todos se dieron vuelta y se fueron. El punto de Cristo había sido expuesto claramente y con fuerte voz.

En esta historia escuchamos una conversación íntima entre una mujer que había errado el blanco y el Señor que tenía todo el derecho de matarla. Con profunda compasión y amor incondicional, Él le preguntó dónde estaban los que la habían acusado. Probablemente ella echó una furtiva mirada a su alrededor para estar segura, y respondió: "ninguno ha quedado, Señor. Él entonces mostró al mundo el verdadero carácter del amor de Dios cuando dice: "ni yo te condeno. Vete y no peques más".

¿Dijo Jesús que su pecado estaba bien? De ninguna manera. De hecho, le dijo que no pecase más, y las palabras: "ni yo te condeno" son las mismas palabras que le da a los cristianos de hoy.

Esta historia me ayuda a entender el amor de Dios:

Había una vez una jovencita llamada Susana. Era una niña preciosa con la colección de muñecas más maravillosa del mundo. Su padre viajaba por todo el mundo por negocios, y por casi doce años le trajo muñecas a Susana. En su dormitorio tenía repisas llenas de muñecas de todas partes de los Estados Unidos y de cada continente de la tierra. Tenía muñecas que podían cantar y bailar y hacer todo lo que le es posible hacer a una muñeca.

Un día llegó de visita uno de los conocidos de su padre. Durante la cena, le preguntó a Susana sobre su maravillosa colección de muñecas. Luego de cenar, Susana lo llevó de la mano y le mostró todas esas maravillosas muñecas de todo el mundo. Él estaba muy impresionado. Una vez que hizo el "gran recorrido" y fue presentado a varias de las preciosas muñecas, le preguntó a Susana: "entre todas estas maravillosas muñecas, tú debes tener una que es tu favorita, ¿cuál es?"

> Dios no te ama por lo que haces sino por lo que eres. Él te ama porque eres Su creación especial.

Sin vacilar un momento, Susana fue hasta su desvencijada caja de juguetes y comenzó a sacar juguetes. Del fondo de la caja extrajo una de las muñecas más andrajosas que jamás hayas podido ver. Le quedaban solamente unos pocos mechones de pelo a la izquierda de la cabeza. Su vestimenta había desaparecido mucho tiempo atrás. La muñeca estaba mugrienta de tantos años de jugar afuera. Uno de los botones de sus ojos colgaba hacia abajo, solamente un hilo lo mantenía sujeto. El relleno estaba saliéndose por el codo y la rodilla. Susana le dio la muñeca al caballero y le dijo: "esta muñeca es mi favorita".

El hombre estaba perplejo y le preguntó: "¿por qué esta muñeca cuando tienes todas estas otras maravillosas muñecas en tu cuarto?"

Ella replicó: "¡si yo no amase a esta muñeca, nadie lo haría!"

Esta simple declaración movió a lágrimas al hombre de negocios. Era una declaración tan simple, pero tan profunda. La niña amaba a su muñeca incondicionalmente. Amaba a la muñeca no por su belleza o habilidades sino simplemente porque era su muñeca.

Dios te ama a ti de la forma en que Susana amaba a su muñeca. Dios no te ama por lo que haces sino por lo que eres. Tú no necesitas ganarte el amor de Dios. Él te ama porque eres Su creación especial. Debido al amor incondicional de Dios, tú estás libre de convertirte en lo que Dios quiere que seas. Su amor no tiene cuerdas.

El amor de Dios es sacrificado

Aquí hay un hecho que tiene que ser puesto para siempre en nuestras mentes.

> "Dios muestra Su amor para con nosotros, en que siendo aún pecadores, Cristo murió por nosotros"

> Romanos 5:8

Si tú alguna vez dudas del amor de Dios, mira la cruz. Estoy convencido de que si tú fueses la única persona nacida en este mundo, Cristo hubiese sacrificado aun Su vida por ti para que pudieses tener una relación con Dios. A veces necesito que me recuerden del tormento físico y la innegable humillación por la cual Él pasó por personas que realmente no toman esto tan seriamente. Su sacrificio en la cruz es la verdadera razón para que nosotros entendamos el concepto de una autoestima positiva. Nuestra autoestima no proviene de nosotros mismos pero está disponible debido a que se encuentra enraizada en el sacrificado amor de Dios.

Me agrada la mayoría de la gente. Sin embargo, no me agrada uno de mis vecinos llamado Claudio (no es su verdadero nombre). Claudio tiene 6 años y medio y dice que quiere casarse con mi hija Christy, de 6 años. Claudio ya tiene una boca horrible. Es una mala influencia para nuestras hijas. Un día este verano, Claudio estaba afuera en la mitad de la calle cuando yo llegaba a casa después del trabajo. Toqué mi bocina para que saliera del camino ¡y él me hizo el gesto internacional de desagrado! ¡Creo que te lo puedes imaginar!

Ahora déjame contarte del sueño que tuve con Claudio y mis tres niñas. En el sueño, Christy, Rebecca, Heidi y Claudio jugaban con una pelota en nuestro patio delantero. Él estaba demostrando su típica forma intratable de ser. Yo estaba observando desde la entrada delantera. La pelota se fue a la calle y mis niñas fueron tras ella. En el mismo momento vi que un enorme camión semi-remolque se aproximaba velozmente en la vuelta de la esquina. No había forma de que el camión se detuviese a tiempo. Sin un momento de titubeo salté de mi silla y corrí a la calle. Olí la goma quemada de los neumáticos resbalando por la calle. Empujé a las chicas a un lado y justo antes de que el camión me aplaste, desperté. ¡Uf!

Realmente creo que sacrificaría mi vida por mis hijas. Después de todo, las amo y tengo gran parte en la estructuración de lo que van a llegar a ser. Bueno, regresemos a mi sueño. Lo próximo que observo es a Claudio y a las chicas jugando nuevamente con la pelota. Esta vez, cuando la pelota se va a la calle y el camión dobla la esquina, Claudio comienza a correr detrás de la pelota. Él va a ser arrollado e imagínate lo que hago yo. Me paro, vacilo, y entonces me despierto (Claudio sigue dando vueltas por allí, así que estoy seguro de que sólo fue un sueño). No estoy seguro de que daría mi vida por Claudio. Dios nos demostró cuánto nos ama aun cuando le volvemos las espaldas. Jesús sufrió y murió en la cruz. Esto es lo que yo llamo amor sacrificado.

Dios te creó a Su imagen

Me agrada este versículo: "Porque somos hechura suya, creados en Cristo Jesús para buenas obras" (Efesios 2:10). Tú eres la hechura de Dios. El nuevo Testamento fue escrito en griego y la palabra para hechura puede ser traducida por *poesía*. Tú eres un "poema de Dios". ¿Cómo te sientes al saber que eres una obra artesanal de Dios?

Tú eres Su hechura.

Tú eres Su poesía.

Tú eres especial.

Tienes dones.

Eres único.

Eres diferente de cualquier otra persona en el mundo.

Por causa de que fuiste creado a Su imagen, siempre podrás apoyarte en la seguridad de que Él entiende cada herida y aun cada tentación tuya. Observa lo que manifiesta el escritor del libro de los Hebreos respecto a Jesucristo, nuestro sumo sacerdote:

"Porque no tenemos un sumo sacerdote que no pueda compadecerse de nuestras debilidades, sino uno que fue tentado en todo según nuestra semejanza, pero sin pecado"

Hebreos 4:15

Él nos comprende porque aunque no pecó como nosotros, fue tentado y nosotros estamos hechos a la imagen de Dios.

Debido a que fuiste hecho a Su imagen eres un hijo de Dios, con todos tus derechos y privilegios como cualquier otro hijo de Dios.

"Mas a todos los que le recibieron, a los que creen en su nombre, les dio potestad de ser hechos hijos de Dios"

Juan 1:12

Tú no tienes que preocuparte porque Dios cuida a Sus hijos. Él te ama y desea lo mejor para ti. No me puedo imaginar a Dios en el cielo como un ogro o como un padre que es constantemente estricto y exigente. Lo veo como un padre amante que está orgulloso de sus hijos. Creo que cuando tú tratas de complacerlo, le viene una lágrima a Sus ojos. Este año, cuando llevé a Christy a su clase de primer grado en el primer día de colegio, lloré. ¿Sabes lo que pienso? Los ojos de Dios también estaban húmedos.

Tú eres Su hijo y eso mejora la opinión que tienes de ti mismo. Tú no eres un fracasado. ¡Tú eres alguien especial!

Tú has sido perdonado

Dios hizo un gran trato respecto al perdón. Frecuentemente, el perdón no es nuestro estilo. Es *siempre* Su estilo. El concepto del perdón retrocede hasta la idea de que los caminos de Dios son diferentes a nuestros caminos. *El perdón de Dios es para siempre.* Déjame recordarte lo que dice Su Palabra:

"Si confesamos nuestros pecados, Él es fiel y justo para perdonar nuestros pecados, y limpiarnos de toda maldad"

1 Juan 1:9

El pecado que ha sido confesado es quitado para siempre del recuerdo de Dios. Mira cómo se describe Dios a Sí mismo ante Israel en el Antiguo Testamento:

"Yo, yo soy el que borro tus rebeliones por amor de mí mismo, y no me acordaré de tus pecados."

Isaías 43:25

Nuevamente vemos que Dios elige no sólo perdonar tus pecados confesados sino que promete "no acordarse más de los pecados".

Tengo un amigo que es psicólogo. Me dijo que él creía honestamente que se podrían vaciar muchas salas de los hospitales de problemas mentales si la gente en su interior pudiese comprender la paz del perdón. Tú no puedes estar libre para ser todo lo que Dios quiere que seas si no vives como una persona perdonada. Por ser cristiano, tú estás perdonado. Tus pecados han sido olvidados y eso no puede ser cambiado.

Porque has sido perdonado, has sido liberado para ser una nueva creación en Cristo. Así lo expresa la Biblia:

"De modo que si alguno está en Cristo, nueva criatura es; las cosas viejas pasaron; he aquí todas son hechas nuevas"
2 Corintios 5:17

> ## El pecado que ha sido confesado es quitado para siempre del recuerdo de Dios

Puede ser que tú no te sientas nuevo. Puede que a veces no actúes como una nueva criatura, pero la verdad es que debido al sacrificio de la muerte de Cristo en la cruz, posees la fuerza que proviene de Él para ser una nueva criatura. ¡Por lo tanto, ve y vive de acuerdo a ello!

Deseo cerrar este capítulo con una de mis historias favoritas. Me recuerda que soy una nueva criatura de Dios. No puedo pensar en un ejemplo más perfecto de esta verdad que la historia de Don Quijote en la obra "Don Quijote de la Mancha". En una de las escenas, encontramos a Don Quijote sentado en una taberna en España en compañía de su fiel sirviente, Sancho Panza. Don Quijote es una especie de caballero solitario español, el cual cree que es un caballero al servicio del rey. Por supuesto, no es un caballero, pero nadie puede decirle lo contrario.

La camarera de la taberna es Aldonza, camarera de día y prostituta de noche. Don Quijote le echa una mirada y le dice: "Tú serás mi dama. Sí, eres mi dama. No te llamarás más Aldonza, serás *Dulcinea*.

Ella rió con desprecio y gritó: "Yo no soy una dama. ¡Sólo soy una marrana de cocina!"

"No, tú eres mi dama. Tú eres Dulcinea", dijo el convencido Don Quijote.

Como tú puedes ver, cada caballero necesita una dama y Don Quijote creía que la prostituta Aldonza era su dama española.

En otra parte de la obra, Don Quijote está sentado a su mesa en la taberna y el público puede ver a hombres aprovechándose de Aldonza. Está siendo violada, la última de las indignidades. Aun cuando Aldonza es una prostituta, la gente tiene un sentimiento de disgusto en sus estómagos. Luego que los hombres abusaron de ella, vuelve al escenario con sus pechos sacudiéndose por los sollozos. Está histérica. Su blusa y su pollera están desgarradas.

Don Quijote grita: "¿Qué pasa, mi dama?"

Ella no lo puede soportar más y grita con la máxima fuerza de sus pulmones: "No me llame dama; nací en una zanja, de una madre que me abandonó allí desnuda y fría y demasiado hambrienta como para llorar. Nunca la culpé. Estoy segura de que me dejó allí esperando que yo tuviese el buen criterio de morir."

Continuó gritando: "No me llame dama. Sólo soy una marrana de cocina hediendo a sudor. Una extraña que los hombres usan y olvidan. No me llame dama, sólo soy Aldonza; no soy nada." Y, devastada, se hundió precipitadamente en la noche.

Don Quijote gritó tras ella: "pero eres mi dama, Dulcinea".

La última escena esta cargada de emoción cuando se ve a Don Quijote acostado en la cama delirando de fiebre. Su fiel sirviente está a su lado. Su familia, que nunca creyó que era un caballero, está presente en la habitación. Están simplemente esperando que muera. Don Quijote entra y sale de coma. Parece como si hubiese perdido el juicio completamente, cuando se oye golpear en la puerta. Hace su entrada una dama española en su preciosa y flotante vestimenta, alta su cabeza, su andar lleno de orgullo y dignidad. Se dirige directamente hacia Don Quijote, se arrodilla y apoyando sus manos en su hombro, le dice: "¿me recuerdas?". La familia le dice que él está muriendo, está delirando, que ha perdido su juicio. Ella sacude a Don Quijote y le dice: "me tienes que recordar. Yo soy Dulcinea y tú me diste ese nombre". Por un momento, Don Quijote recupera el conocimiento y la mira fijamente. Dice: "Mi Dulcinea, yo sabía que vendrías." Sonrió y murió.

Don Quijote creía que la prostituta Aldonza era una reina española llamada Dulcinea. Él creyó en ella y ella se convirtió en lo que él creía que ella era. Dios cree en usted. Por el poder del perdón de Cristo, usted es una nueva criatura no importa qué haya hecho o quién sea. El amor de Dios lo convierte en una nueva creación.

> Él cree en ti.
> Él te ama.
> Tú eres Su hijo.
> ¡Tú eres alguien especial!

Parte
dos

PONIÉNDOLO
EN PRÁCTICA

Los amigos y la autoestima

He aquí una simple pero profunda realidad: tu elección de amigos será un factor significativo en determinar el tipo de persona que eres y en cuál te convertirás. Hemos visto esto antes en el capítulo cuatro, pero no estoy seguro de que lo estoy enfatizando lo suficiente. Enfrentémoslo, tú te conviertes en una persona parecida a las que frecuentas.

Los amigos tienen una gran influencia en tu vida

Estoy involucrado en el ministerio para jóvenes desde 1971, y una de mis personas favoritas a través de todos estos años fue un muchacho llamado Diego. Me encontré con Diego cuando empezaba el octavo grado. Diego no tuvo una infancia fácil. Su papá murió cuando Diego cursaba la escuela primaria. Su madre era buena pero trabajaba un montón de horas extras para pagar las cuentas. Básicamente, si tú pones la palabra "insípido" en tu mente y te imagina algo, seguramente verás a "Diego el Tormentoso".

Diego cambiaba de amigos y de modas tan rápido como algunos cambian de ropa. En los pocos años que yo fui el ministro de juventud para él, Diego fue:

- practicante de surf
- rockero *punk*
- entrenador de un equipo de fútbol
- corredor cross-country

- baterista en una banda de rock
- vaquero (y esto es difícil en Newport Beach, California)
- miembro de la banda del colegio secundario
- miembro de un club de aficionados al teatro
- practicante de patineta
- oficial del cuerpo de estudiantes
- líder estudiantil en la iglesia
- muy bebedor

Diego cambió de un grupo (pandilla) a otro. Era igual al camaleón.[1] Nunca sabía lo que Diego iba a ser en el momento siguiente. Cada vez que Diego cambiaba de amigos se convertía, en esencia, en otra persona. Sus "amigos" tenían una gran influencia en lo que él se convertía. Como podrás imaginarte, la influencia de sus amigos no siempre era positiva. Diego poseía una imagen de sí mismo pobre. Un día me confesó: "realmente no me gusta el 'verdadero Diego', por lo que trato de convertirme en alguien al que pueda respetar. Creo que si soy aceptado por un grupo de personas que me quieren, eso me haría bien".

Bueno, esto fue una muy profunda confesión de parte de un muchacho como Diego. A su manera, estaba comenzando a comprender que, dado que no se gustaba a sí mismo, estaba tratando de ser alguien distinto. Estaba también comenzando a entender la importante verdad de que con quien tú compartes tu tiempo, tendrá una importante influencia en quién te convertirás. (Hablaré más de Diego más adelante en este capítulo).

Elige tus amigos sabiamente

Algunas personas verdaderamente nunca piensan en la fuerte influencia que los amigos pueden tener en sus vidas. Pero, ya que los amigos son tan influyentes en lo que nos convertiremos, es en extremo importante elegirlos sabiamente.

Hagamos un inventario de la amistad:

1. ¿Tus amigos te estimulan o te deprimen?
2. ¿Qué te gusta y qué te disgusta de tus amistades?
3. ¿Cuáles serían las mejores decisiones a ser tomadas para *asegurarte* de que tienes amigos virtuosos?

Cuando era principiante en el secundario, me convertí en cristiano. Reconocí que el grupo con el cual pasaba la mayoría de mi tiempo no era la mejor influencia para mi vida. Creo honestamente que una de las más grandes decisiones que alguna vez he tomado fue cambiar el grupo de amigos que tenía durante mi año inicial. Fue una decisión difícil, pero cuando miro hacia atrás, fue una decisión *acertada*. De hecho, luego de concurrir a la reunión del décimo aniversario de graduación de la escuela secundaria y echar una mirada a los dos grupos diez años después, vi claramente qué buena decisión para mi vida había sido ésa. Mis viejos amigos estaban luchando con las drogas, el divorcio y los fracasos. Mis nuevos amigos estaban mucho mejor y más felices.

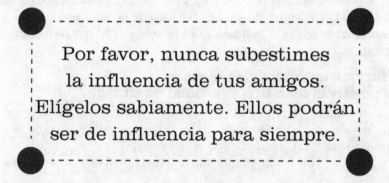

Por favor, nunca subestimes la influencia de tus amigos. Elígelos sabiamente. Ellos podrán ser de influencia para siempre.

Seguro, es duro. Y si tu necesidad de amor y aceptación por otros está desequilibrada debido a tu pobre autoimagen, será aun más duro. Pero también es verdad que las decisiones que adoptes hoy te afectarán por el resto de tu vida. Por favor, nunca subestimes la influencia de tus amigos. Elígelos sabiamente. Ellos podrán ser de influencia para siempre.

Sé tú mismo

Algunas veces, las personas con una pobre autoestima temen ser ellas mismas. Tratan de ser otra persona. Diana estaba de novia con David. Vino hacia mí con un problema. Me dijo: "David cree que soy alguien que realmente no soy". Le dije que no entendía lo que me trababa de decir. Me lo explicó de esta manera: "Cuando conocí a David por primera vez, pensé que era verdaderamente atractivo y verdaderamente inteligente. Yo sabía que estaba interesado en los juegos, la música clásica y, usted sabe, todas esas cosas intelectuales. Bueno, fingí que me gustaban y que sabía un montón de ese mundo. Él comenzaba a gustarme realmente."

"Bueno, ¿cuál es entonces tu problema?" le pregunté.

"Que ahora él no conoce mi verdadero yo. Yo no sé nada respecto a la música y la literatura en las cuales él se mueve. Ahora tengo miedo de que si le muestro mi verdadero yo, no me va a querer más".

Le insté a que se quitara la máscara y fuese ella misma. Recuerdo haberle dicho: "Diana, tú eres una persona muy especial, te guste la música clásica o no. Debo suponer que David es tan inteligente como para saber cuándo posee algo valioso, y no me sorprendería si uno de estos días no te pide que te cases con él. Pero él debe conocer tu verdadero yo, y estoy convencido de que amará tu verdadera personalidad". Uno de los gozos de mi vida fue que unos pocos años después fui el ministro que casó a Diana con David. Adivina. Diana sigue sin ser una fanática de la música clásica, y a David no le importa realmente. Él la ama por lo que verdaderamente es.

Haz que las amistades sanas y positivas sean una prioridad en tu vida

La amistad en un regalo invalorable de Dios. Existen pocas cosas en la vida que sean tan importantes o tan maravillosas como una amistad sincera. Un buen amigo es un tesoro por encima de casi todo en la vida. ¿Has hecho tú que una amistad positiva y sana sea una

> Si tú deseas amigos sinceros, entonces deberás convertirte en un amigo sincero.

prioridad en tu vida? Piensa por un momento en tres personas a las cuales consideras amigos sinceros. Ahora tómate unos instantes para poner en una lista por qué los consideras amigos sinceros. No hay dudas de que existen varias razones por las que son especiales. He aquí una simple fórmula: *Si tú deseas amigos sinceros, entonces deberás convertirte en un amigo sincero*. Consideremos algunas cualidades de un amigo sincero. Un amigo sincero es:

1. *Solícito y disponible*: no hay nada más importante que el regalo de tu tiempo e interés genuino.
2. Alentador: cuando tú afirmas y apoyas a las personas, estás construyendo su autoestima *demostrándoles* que son importantes y que tú crees en ellos.

3. *Alguien dispuesto a sacrificarse*: un amigo sincero camina la milla extra y se puede confiar en que él o ella aceptan ser molestados en ocasiones.
4. *Paciente*: nadie es perfecto y un amigo verdadero se mantendrá aun en momentos de infortunio.
5. *Un buen oyente*: escuchar es el lenguaje del amor.
6. *Leal: la Biblia lo expresa mejor: "Si aman a alguien deben ser fieles a él, no importa cuál sea el costo" (2 Corintios 13:7).*
7. *Veraz*: decir la verdad en amor a veces implica decirle a un amigo cómo es la cosa realmente, aun cuando duela.

Ahora, cuando confrontas la lista y piensas en los nombres de tus amigos, ¿cómo califican ellos? ¿Cómo calificas tú? Si necesitas trabajar en esta zona de tu autoimagen, entonces no hay mejor tiempo para comenzar que ahora mismo.

Los amigos cristianos generalmente te alentarán para que te acerques más a Dios

Te prometí que iba a volver a la historia de mi "insípido" amigo Diego. Posteriormente, en algún momento de los años de la secundaria, Diego comenzó a tomar más en serio su compromiso cristiano y el grupo juvenil de la iglesia. En la confraternidad de jóvenes de la iglesia encontró un grupo de personas que venían de diferentes sectores del colegio, pero parecían armonizar bien en la iglesia. En la iglesia encontró amigos que verdaderamente lo querían por lo que era. No intentaban cambiarlo para que fuese otra persona. En la medida en que Diego fue sintiéndose más cómodo con sus nuevos amigos cristianos, comenzó a sincerarse respecto a sus penas y errores pasados. Ellos lo aceptaron de corazón y él se sintió querido. Comenzó a comprender el amor de Dios a través del amor incondicional de sus amigos.

A Diego le llevó mucho tiempo creer, sin sombras de dudas, que él pertenecía. Estaba construyendo su identidad enraizada en el amor de Cristo y la aceptación de amistades positivas. Sus amigos cristianos le *demostraron* que Dios era real y esa realidad cambió su vida. Hoy en día, Diego está en pleno camino de ser uno de los ministros de la juventud más exitosos del mundo.

8

El sexo

Deseo advertirle acerca de este capítulo. Es muy directo y franco. He pasado la mayoría de mis años de adulto hablándoles a mis estudiantes respecto al sexo,[1] y he pasado mis años de adolescente pensando respecto al sexo. Soy el primero en reconocer que cuando se trata de sexo y autoestima, soy muy dogmático. Creo que no comencé de esta manera, pero luego de más de quince años de escuchar a los estudiantes formular preguntas sobre el sexo (y contarme sus historias), definitivamente tengo algunas ideas que quiero compartir con ustedes.

Las personas con una autoestima baja son fácilmente seducidas sexualmente. Muéstreme una persona sexualmente promiscua y le apuesto que él o ella están luchando con una pobre imagen de sí mismos. He aquí parte de la carta de una amiga de dieciséis años que vive en Florida.

> Querido Jim:
>
> > No soy una mala persona. No soy la persona más atractiva del mundo, pero tampoco soy la peor. Tengo una personalidad complaciente. Durante los últimos dos años tuve sexo con cinco novios distintos. No sé por qué siempre les dejo que lleguen a eso, pero lo hago. Presumo que quiero gustarles y temo que si no les dejo probar cosas (sexualmente), no me van a querer como novia.

Ésta es una descripción perfecta de una persona que realmente quiere hacer las cosas bien pero no toma decisiones muy sabias. Su mayor problema no es el sexo sino su baja autoestima. Para que se sienta bien respecto a sí misma y desarrolle con los muchachos relaciones positivas y significativas, deberá aprender a quererse a sí misma.

Cuando se trata de la sexualidad, probablemente has recibido mensajes muy mezclados. Déjame resumir los mensajes mezclados que puedes estar recibiendo:

- Padres: *No lo hagas* y luego, silencio.
- Iglesia: *No lo hagas porque es pecado* y luego, silencio.
- Colegio: *Así es cómo lo tienes que hacer*, sin discutir la moral o los valores.
- Amigos: *Yo lo hago y es grandioso*, cuando quizás ellos no lo hacen tan frecuentemente y no siempre es tan grandioso.

La mayoría de los estudiantes no reciben una educación sexual cabal y positiva en sus casas. Si tú puedes hablar con tus padres respecto a tu sexualidad, eres una persona afortunada y te cuentas dentro de la minoría. Recién hace poco, la iglesia comenzó a hablar más respecto al punto de vista cristiano acerca de la sexualidad. La iglesia está empezando a reconocer que, ya que el sexo es un asunto dominante en la vida, deberíamos discutir este tema tan importante. Desafortunadamente, la mayoría de los colegios que ofrecen programas de vida familiar o educación sexual, solamente exponen lo que yo llamo "educación de valores neutrales". En otras palabras, los programas hablan respecto al sexo, control de la natalidad y técnicas, pero no ofrecen ninguna clase de valores o de moral. Y entonces, a veces, puedes recibir un mal consejo de amigos o conocidos quienes, quizás por su propia autoestima baja, te dan una falsa impresión acerca de sus experiencias sexuales. El resultado de estos mensajes mezclados es la confusión. Quizás una persona como tú tiene algunas preguntas válidas respecto a la sexualidad.

Cuando hablo con los padres respecto a la sexualidad de los adolescentes, les explico que los adolescentes toman decisiones sexuales basadas principalmente en tres factores:

- La presión de los pares;
- Un compromiso emocional que excede su nivel de madurez;
- La ausencia de una positiva educación sexual sana y cristiana.

Durante el resto de este capítulo, quiero ayudarte a pensar sobre estos temas de algunas maneras muy prácticas.

El sexo

Si tú tienes pulso, pensarás en el sexo. En realidad, hay muchas personas que verdaderamente creen que son los únicos que siempre piensan en el sexo. Iré tan lejos como para decir que es perfectamente normal para cualquiera tener pensamientos sexuales. Es verdaderamente muy natural a tu edad (o a la mía en cuanto a eso) tener pensamientos y preguntas sexuales.

Una vez leí una estadística muy interesante. En realidad, no sé si es verdad o no. Decía: "el hombre de dieciséis años de edad tiene un pensamiento sexual cada veinte segundos". Compartí esta afirmación con un grupo de estudiantes de Carolina del Norte, y luego de la charla se me acercó un muchacho de dieciséis años y me dijo: ¿se acuerda de esa afirmación respecto al pensamiento sexual cada veinte segundos?"

"Sí", moví mi cabeza.

Me preguntó: "Bueno, ¿en qué se supone que pensamos los diecinueve segundos restantes? Yo siempre lo tengo en mi mente."

Todavía ahora no sé si hablaba en serio, pero creo que entiendes cuál es el punto. *Es muy normal y común pensar en el sexo.*

El sexo es un tema y una influencia dominante en toda nuestra vida. Algunas personas piensan más en ello en diferentes edades. Pero recuerda que nuestra sexualidad humana es mucho más que "hacerlo" o mantener una relación física. Nuestra curiosidad por la sexualidad humana comienza a muy temprana edad. Mis tres hijas están todas por debajo de los siete años y, sin embargo, en su propia manera inocente exploran su sexualidad. Ellas todavía no están enamoradas de los muchachos, pero ya empiezan a comprender que los muchachos y las chicas tienen cañerías diferentes.

A la par del impulso sexual que nos dio Dios, existen al menos tres motivos que me hacen pensar por qué el sexo es un asunto tan dominante en la vida.

En nuestra cultura, el sexo está en todas partes

Una de las razones principales por las que el sexo tiene influencia en nuestras vidas es que está en *todas partes*. Si no me crees, tómate dos minutos y haz una lista con todas las canciones de rock que veas que poseen palabras explícitamente sexuales. Mira la televisión una noche y observa todas las insinuaciones sexuales. Aun la película más inocente trae sexo consigo. Todo medio de comunicación a menudo usa el sexo para llamar nuestra atención.

¿Puedes pensar en algún lema de un anuncio publicitario que use el sexo para vender sus productos? Nuestro mundo cree que el sexo vende, por lo tanto, lo usamos en todas partes.

En nuestro vecindario hay un cartel de anuncios con una botella de Tequila y las palabras: "Tome tequila (el nombre de la marca)", y la imagen de una mujer de aspecto bello y sensual. Ella no tiene puesto nada en la parte de arriba. Tú puedes apreciar su espalda bien formada, la parte inferior de su traje de baño de corte francés, y su rostro mirándote fijamente con mirada sensual mientras conduces al lado del cartel. He hecho la elección de no beber. De hecho no tengo idea cuál es la correlación entre la espalda sensual de la mujer y el tequila, ¡pero honestamente te puedo decir que es la única marca de tequila que yo recuerdo! *Puedo* describir su espalda, ¡pero no podría describir ni siquiera el aspecto de la botella!

El año pasado hubieron más de 9000 actos de relaciones sexuales o insinuaciones referentes a actos sexuales, solamente en las horas de mayor audiencia de la televisión. Uno de los pasatiempos favoritos de las chicas adolescentes es ver telenovelas. ¿Sabías tú que 94% de todos los actos de relaciones sexuales o insinuaciones sobre relaciones sexuales están relacionados con personas que no están casadas entre sí? ¿Necesito decir algo más? El sexo se encuentra en todas partes de nuestra cultura; y no puede hacer menos que tener influencia en nuestras vidas.

El sexo es misterioso

El verano pasado Cathy, yo y nuestros amigos Steve y Andrea fuimos a la playa sin nuestros hijos. Estábamos pasando un maravilloso día cuando, súbitamente, me enganché en una conversación que mantenían un grupo de chicas jóvenes del colegio secundario respecto a sus experiencias sexuales. ¿Qué puedo decirte? Estaban sentadas cerca de nosotros y, sí, me estaba poniendo curioso. Por media hora estuve escuchando su conversación en voz alta. Cathy aparentaba estar dormida, Andrea contemplaba el mar y Steve leía una revista. ¡Durante toda la media hora no dio vuelta la página! Todos estábamos escuchando. ¿Por qué? Porque no importa la edad, el sexo es misterioso. Todos nosotros somos curiosos por naturaleza. Estoy casado hace más de quince años, y aún existen aspectos de mi sexualidad que estoy aprendiendo a conocer. Creo que Dios hizo misterioso al sexo porque quería mantenerlo especial. Cuando el sexo deje de ser un misterio para usted, entonces es tiempo de preocuparse.

El sexo es agradable

La idea de que en un libro como éste (de un ministro cristiano como yo) se diga que el sexo es agradable, puede ser un poco confusa. Sin embargo, necesito decirte la verdad: ¡el sexo puede ser pura y simple diversión! Ahora, esto no significa que yo crea en las relaciones sexuales antes del matrimonio. Yo creo firmemente que Dios quiere lo mejor para ti y por eso está muy claro en la Biblia que debemos preservar las relacioneas sexuales para

> ## ¡Él no es un mata placeres!
> ## Él desea lo mejor para nosotros.

el matrimonio. Pero estamos viendo por qué el sexo tiene influencia en nuestras vidas y, una de las razones más importantes, es que se disfruta la mayoría de las veces. Si no fuese una sensación tan especial, no se le daría tanta importancia. La razón por la cual digo que el sexo es diversión, ante la posible crítica de tus padres, es que no quiero mentirte. El sexo es divertido (por supuesto, no estoy hablando de abuso sexual; ésta es la última palabra que usaría uno que tuvo una horrible experiencia en tal sentido. Pero en general, el sexo es algo que se disfruta). Las estadísticas muestran que por lo menos 50% de las personas, al llegar a los dieciocho años de edad, habrán experimentado relaciones sexuales.[2]

A continuación se pueden apreciar estadísticas muy importantes respecto al sexo y el adolescente norteamericano:

- Doce millones de adolescentes están sexualmente activos. Ocho de cada diez hombres y siete de cada diez mujeres informaron haber tenido relaciones sexuales en su adolescencia.[3]
- Si continúa la tendencia actual, 40% de las chicas de catorce años de la actualidad quedarán embarazadas por lo menos una vez antes de los veinte años.[4]
- A la edad de veinte años, 81% de los varones solteros y 67% de las chicas solteras habrán tenido relaciones sexuales.[5]

- Cincuenta por ciento de todos los hombres de diecinueve años sexualmente activos tuvieron su primera experiencia sexual entre los once y los trece años. Entre los no vírgenes, 50% de los muchachos y 18% de las chicas tuvieron su primera relación sexual a los dieciocho años o antes.[6]

Esto significa que por lo menos la mitad de las personas que leen este libro habrán tenido sexo antes del matrimonio y algunos, aunque vaya contra los principios bíblicos de Dios, gozarán de esa experiencia. Pero, por favor, por favor, recuerda que sólo porque se disfruta no quiere decir que sea lo correcto.

¿Qué dice la Biblia?

Recientemente dos adolescentes estuvieron sentados en mi oficina. Ellos ya eran sexualmente activos. Ella quería detener su relación física, pero sin disolverla, y él no quería detener nada. Al término de nuestra reunión, él me miró con un verdadero sentimiento de frustración y me dijo: "¿es Dios el gran matador de placeres cuando se trata de sexo?" Me temo que demasiadas personas creen que esta declaración es verdadera cuando, en realidad, no puede estar más lejos de la verdad. Por favor, nunca olvidemos que la sexualidad fue una idea de Dios. Dios creó el sexo. De hecho, en la historia de la creación leemos que Dios creó al hombre y a la mujer (y su sexualidad) y dijo: "que era bueno *en gran manera*". Dios no es un matador de placeres cuando se trata de sexo. Creó el sexo y lo vio bueno en gran manera.

Algunas personas no creen que la Biblia diga mucho respecto a cómo debiéramos vivir a pleno nuestra sexualidad. En realidad, nunca investigaron al respecto. La Biblia no es un manual sexual, pero existen algunas piezas de sabiduría extremadamente importantes para aquellos que realmente desean ser todo lo que Dios quiere que sean. Echemos un vistazo sobre algunas de estas escrituras claves.

La Biblia sobre el Adulterio:

> "No cometerás adulterio".
>
> Éxodo 20:14

Se produce adulterio cuando dos personas tienen relaciones sexuales y por lo menos una de ellas está casada con otra persona. Tú no necesitas ser un estudiante brillante para reconocer que Dios sabía lo que hacía cuando incluyó este mandamiento dentro de Sus "Diez Principales". La mayoría de las personas de la actualidad han visto vidas arruinadas debido a una aventura adúltera. Pienso en familias enteras cuyas vidas han sido cambiadas radicalmente y sufrieron heridas profundas a causa del adulterio. Dios desea lo mejor para ti. Él quiere protegerte del dolor de la ruptura de relaciones, por ello dice no al adulterio.

La Biblia sobre la fornicación:

"Pues la voluntad de Dios es vuestra santificación; que os apartéis de la inmoralidad sexual."

1 Tesalonicenses 4:3

¡He aquí una rápida lección en griego! La palabra traducida como "inmoralidad" en este versículo es *pornea*. De ella extraemos la raíz para pornografía o fornicación. Algunas traducciones de la Biblia usan la palabra fornicación en lugar de inmoralidad. La fornicación se produce cuando dos personas que no están casadas tienen relaciones sexuales. Nuevamente, ¿está Dios tratando de echar a perder nuestra diversión? De ninguna manera. Él sabe qué es lo mejor para nosotros. Él nos ama. Él comprende profundamente la confusión y el dolor en el corazón causados por aquellos que eligen ir en contra de Su voluntad. Me gustaría que estuvieses sentado en mi oficina algún día cuando yo estoy escuchando relatos de relaciones rotas entre adolescentes. Hay culpa, dolor, confusión y, para algunos, un sentimiento de desesperación. Nuevamente, Dios seguramente sabía lo que estaba haciendo cuando estableció el mandamiento de refrenar la inmoralidad sexual antes del matrimonio.

La Biblia sobre la unión del hombre y la mujer:

"Él, respondiendo, les dijo: ¿No habéis leído que el que los hizo al principio, varón y hembra los hizo, y dijo: Por esto el hombre dejará padre y madre, y se unirá a su mujer, y los dos serán una sola carne? Así que no son ya más dos, sino una sola carne; por tanto, lo que Dios juntó, no lo separe el hombre."

Mateo 19:4-6

Dios ve a la relación sexual física como muy sagrada y especial. Las palabras "sexo casual" no están en su vocabulario. No hay otra ilustración más gráfica de estar unidos en una sola carne que cuando el hombre y la mujer tienen relaciones sexuales. La relación sexual es tan íntima como puedas obtenerla. ¿Te das cuenta de que cuando un hombre y una mujer tienen sexo se convierten en una sola carne? Es una consideración muy seria que hay que hacer *antes* de encontrarse en una situación comprometida.

Tu cuerpo: templo de Dios:

> "Huid de la fornicación. Cualquier otro pecado que el hombre cometa, está fuera del cuerpo; mas el que fornica, contra su propio cuerpo peca. ¿O ignoráis que vuestro cuerpo es templo del Espíritu Santo, el cual está en vosotros, el cual tenéis de Dios, y que no sois vuestros? Porque habéis sido comprados por precio; glorificad, pues, a Dios en vuesro cuerpo y en vuestro espíritu, los cuales son de Dios."
>
> 1 Corintios 6:18-20

Para un cristiano no existe absolutamente ninguna duda de que su propio cuerpo es templo de Dios. No soy un teólogo pero sé que, de una manera misteriosa, el Espíritu Santo de Dios vive dentro de cada creyente cristiano. Nuestros cuerpos deberían glorificar y honrar a Dios; después de todo, Él vive dentro nuestro.

En la Biblia existen, definitivamente, más escrituras referentes al tema del sexo y la sexualidad que las que he mencionado. Solamente quería asegurarme de que tú entiendes que la Biblia es clara respecto a que Dios ve nuestra sexualidad como muy buena, especial y hasta sagrada. ¡Él no es un mata placeres! Él desea lo mejor para nosotros.

Conceptos erróneos
sobre el sexo

Como mencioné antes, la Biblia no es un manual sexual. La Biblia calla respecto a algunos temas de la vida. Francamente, desearía que la Biblia fuese clara en el concepto de "¿cuán lejos es demasiado lejos?". También me gustaría que mencionase el delicado tema de la masturbación. (La masturbación es la estimulación de los propios órganos sexuales). Yo me referí a estos temas en otro libro que escribí, titulado *Handling Your Hormones: The Straight Scoop on Love, Sex & Dating*. Por lo tanto no me extenderé aquí respecto a ellos. Sin embargo, quiero disipar un par de conceptos erróneos.

Concepto erróneo N° 1: Muy pocas personas luchan con la masturbación.

Esta declaración es absolutamente falsa. En realidad, la mayoría de la gente joven, al llegar a los dieciocho años, ya habrá tenido una experiencia de masturbación. La curiosidad es normal. Te sugiero seriamente que si tú luchas con la masturbación, hables con alguien que respetes acerca de esto. Definitivamente no estás solo y hay ayuda y consuelo al respecto.

Concepto erróneo N° 2: Otros podrán ser tentados, pero yo nunca seré tentado sexualmente.

Debido a nuestra naturaleza humana y a nuestro impulso sexual activo, existe una gran probabilidad de que en algún momento seamos tentados sexualmente. Algunos adultos miran las estadísticas en donde consta que más del 50% de los chicos al llegar a los dieciocho años tuvieron alguna vez relaciones sexuales, y suponen que ello significa todos. Por favor, lee las cuatro palabras siguientes: ¡*No todos lo hacen*! Una gran parte de nuestra población adolescente elige no tener sexo antes del matrimonio. He aquí algunos buenos consejos para superar las tentaciones sexuales:

Habla acerca del problema con tu novia o novio. Si estás yendo más lejos de lo que sientes que es correcto y no puedes hablar de esta situación, entonces, francamente, ¡tú tienes una mala relación!

Fija pautas. En nuestra consejería prematrimonial, uno de los mejores consejos que jamás hayamos recibido Cathy y yo, provino de nuestro ministro. Dijo: "fijen pautas *antes* de llegar al punto crítico". Cuando ustedes imponen pautas y hablan de ellas realmente, saben que si pasan por encima de lo que han hablado, están violando los principios de cada uno. Demasiadas personas piensan que pueden fijar pautas en el momento crítico. ¡Así no funciona!

Planifica diversión y citas agradables. Si honestamente no deseas una relación física, entonces aléjate de los momentos o lugares críticos que puedan facilitar el ceder ante la tentación.

Permite que Dios sea una parte de tus citas. Ora respecto a tus relaciones con las personas que te citas. Entrega a Dios tu vida física y tus citas. Cuando le pides a Dios que tome control, es más fácil mantenerte alejado de las situaciones comprometedoras.

5. *Da un corte*. Si tú estás abrumado sexualmente, o tu pareja te está presionando, entonces la respuesta es muy clara. ¡Da un

corte a la relación! Entiendo que es más facil decirlo que hacerlo, pero si no puedes manejarlo, termina con esa relación. Cuanto más tiempo hayas estado tentado sexualmente o hayas intimado sexualmente con una persona, más difícil será darle un corte. El mejor principio a ser seguido es el de cuanto antes, mejor.

Concepto erróneo N° 3. Está bien estar activo sexualmente, pero sin tener relaciones.

Demasiadas personas se preguntan: "¿Cuán lejos *puedo* ir? ¿Qué es lo más lejos que puedo ir físicamente con mi novio o mi novia sin ofender a Dios?" *Esa no es la pregunta correcta.* No es ¿cuán lejos *puedo* ir sino más bien ¿cuán lejos *debería* ir? El impulso sexual humano es increíblemente poderoso y nunca, nunca pienses que no serás tentado. Yo creo que la respuesta es fijar pautas lógicas, prácticas y que honren a Dios *antes* de que te sientas tentado.

> ¿Es el sexo sucio, despreciable y horrible? No, de ninguna manera. El sexo es idea de Dios. El sexo es maravilloso desde la perspectiva de Dios.

He confeccionado una tabla que puede ayudarte a tomar decisiones antes de que te encuentres en problemas (ver página 92). Te sugiero que tomes unos minutos y estudies esta tabla ahora. Dado que la Biblia calla respecto a cuán lejos es demasiado lejos, deberemos buscar sabiduría en otros principios escritos, y el consejo de cristianos comprometidos.

¿Es el sexo sucio, despreciable y horrible? No, de ninguna manera. El sexo es idea de Dios. El sexo es maravilloso desde la perspectiva de Dios. Cuando aprendes a esperar sexualmente, estás profundizando tu concepto positivo de ti mismo y agradando a Dios al mismo tiempo.

Esta tabla te da la oportunidad de pensar respecto a tu filosofía personal en cuanto a la relación física con un/a amigo/a especial.

Recuerda considerar estos actos a la luz de la pregunta: "¿Qué complacería a Dios?"

Antes de que comiences a trabajar en esta tabla, observa que los encabezamientos van desde "Amistad" hasta "Matrimonio". Al pie figura una serie de abreviaturas: cada letra corresponde a una cierta acción. Escribe cada letra en la columna o columnas que representan la relación en la cual consideres que la acción complacería a Dios. Por ejemplo, "RS", por relaciones sexuales, ha sido puesto ya en la columna de "Matrimonio". Nosotros conocemos la voluntad de Dios para las relaciones sexuales, está claramente indicado en la Biblia. Respecto a las otras acciones de la lista, determina con atención, lógica y en oración, las pautas que mejor agradarán a Dios y le darán la gloria.

Fijando pautas: el punto de vista de Dios.

¿Cuán lejos debería ir?

Amistad	Citas	Noviazgo	Compromiso	Matrimonio

M = Mirar

T = Tomarse de las manos constantemente

b = Besarse con mesura

F = Beso francés

OS = Acariciar los órganos sexuales

t = Tomarse de las manos

A = Abrazarse

B = Besarse con pasión

S = Acariciar los senos

RS = Relaciones sexuales

Las citas

Algunos de mis amigos podrán preguntarse cómo puedo tener la audacia de escribir acerca de las citas. Después de todo, soy el tipo que en su primera cita volcó todo un plato de fideos encima de su camisa y el plato aterrizó boca abajo en su regazo (tenía puesto pantalones blancos). Yo soy el tipo que fui a una cita del colegio secundario en la noche equivocada y la encontré justo cuando se estaba yendo con su novio, de más edad y más corpulento (del cual yo pensaba que ella se había separado). Aun mi maravillosa esposa Cathy se quedó dormida yendo a cenar, en nuestra primera salida (¡fue así realmente!).

Bueno, no habré tenido centenares de historias exitosas, pero sé que el tema del amor y el noviazgo fue un factor importante para mi autoestima. Para ser completamente honesto, yo creo que con *quién* tú sales y *cómo* te comportas en tus citas dice mucho acerca de tu compromiso como cristiano y cómo tú te sientes respecto a ti mismo.

Algunas personas, al leer este libro dirán: *pero yo aún nunca tuve un noviazgo*. La cuestión es que consideras tú qué es el noviazgo. Es verdad, nuestra cultura ha convertido el gran noviazgo americano en algo siempre romántico. Un amigo de diecisiete años lo expresó de esta manera: "mi vida de citas puede ser resumida con tres iniciales: la M de *M*cDonald's, la C de *C*ines y la P de *P*asarla bien". Actualmente, las citas son todo el tiempo de relación con el sexo opuesto. Cuando viajas al campo en la camioneta de tus padres con dos muchachos y tres chicas, en un sentido real, es una cita. Caminar juntos desde el colegio, es una cita. Por supuesto, no son rosas y una cena de cinco estrellas a la luz de las velas, pero toda vez que tú estás con alguien del sexo opuesto y hay una interacción, yo lo considero parte del proceso de una cita. Yo soy la última persona en menospreciar el romance, pero creo que hemos puesto demasiada presión para que tengas citas románticas, cuando en realidad hay muchos otros tipos de citas.

Algunos temas sobre las citas para meditar

Cuarenta por ciento de todos los estudiantes secundarios se gradúan sin haber tenido nunca una cita romántica.

Esto podrá ser difícil de creer, pero he leído esta estadística en numerosos libros. Cuando lo comparto con adultos, sometemos sus experiencias a votación y siempre concuerda con esto. Muchas personas creen que ellas son las únicas que nunca tuvieron citas románticas. Esto no es verdad. Conozco algunas personas muy especiales que no tuvieron citas románticas hasta que se graduaron del colegio secundario y conozco a muchos que quisieran no haber tenido citas tan temprano en la vida. Su compromiso emocional excedió su nivel de madurez y los llevó a problemas sexuales.

Cuidado: salir en forma exclusiva puede resultar peligroso para tu vida amorosa.

Existen dos tipos de citas, las exclusivas y las inclusivas. Exclusiva significa solamente ustedes dos. Es firme y serio. Inclusive significa que tú te relacionas con numerosos amigos del sexo opuesto. Una cita inclusiva son cinco chicas y cuatro muchachos que salen juntos al centro de compras. Son tres muchachos y dos chicas que se encuentran en la casa de alguno para comer pizza y ver un video. La mayoría de nosotros hemos malinterpretado las citas. Creemos que siempre tienen que ser uno con uno. No tiene que ser así.

Conocí a una joven pareja que apodábamos "los pegajosos". Dondequiera que iban, estaban pegados el uno al otro. Casi nunca se veía a uno sin el otro. Cuando finalmente rompieron sus relaciones, ninguno tenía buenos amigos dado que habían invertido todo su tiempo y energía uno en el otro. Aquí va un buen consejo: aun si tú tienes un novio o novia serios, no excluyas otras amistades. El signo de una buena relación es que no haya sobredependencia del uno hacia el otro para enfrentar la mayoría de tus necesidades de relación.

Tus citas serán un factor decisivo en cómo llevarás adelante tu compromiso cristiano.

Como ya declaré antes, tú me dices con quién sales y cómo sales, y yo puedo decirte un montón respecto a tu compromiso cristiano. Una de las formas más prácticas de vivir tu fe es en tus citas.

Hay una pregunta importante que siempre formulo: "¿Cuál es tu opinión acerca de cristianos que se citan con no cristianos? Es una pregunta más importante de lo que muchos se dan cuenta. Ante todo, aclaremos algo. Los cristianos y los no cristianos tienen una gran cosa en común. Cuando vemos el estilo de vida de Jesús, vemos a un Dios-hombre que, en definitiva, pasó tiempo con no creyentes. Estoy convencido de que debemos tener amigos no cristianos. Sin embargo, me inquieta que cristianos se citen con no cristianos, aun en un plano no tan terio. La Biblia dice claramente que los creyentes no deben casarse con no creyentes: "no os unáis en yugo desigual con los incrédulos". No dice nada respecto a las citas, pero en un sentido práctico, las citas son una práctica para el matrimonio.

¿Significa esto que no se debe tener amigos no cristianos? No. ¿Significa esto que los cristianos son menos tentados sexualmente o menos promiscuos? No necesariamente. Si tú eres un cristiano y Jesús es el maestro de tu vida, esto puede provocar un conflicto de intereses con alguien que tiene un maestro diferente para su vida. Recuerda, es tan fácil enamorarte de un no creyente como de un creyente.

Respeto radical: un acercamiento cristiano al amor y a las citas

Existe realmente una diferencia principal entre la filosofía que posee el mundo respecto a las citas y el acercamiento cristiano. El apóstol Pablo lo resumió perfectamente al decir:

> "Nada hagáis por contienda o por vanagloria; antes bien con humildad, estimando cada uno a los demás como superiores a él mismo; no mirando cada uno por lo suyo propio, sino cada cual también por lo de los otros. Haya, pues, en vosotros este sentir que hubo también en Cristo Jesús"
>
> Filipentes 2:3-5

Nuestra tarea es considerar el interés de otros aun por encima del nuestro. Pablo lo dice de otra manera en su carta a los Romanos: "dándose preferencia y respetándose mutuamente."

David y Diana son cristianos. Se quieren mutuamente. David no sólo se cita con Diana, que es una chica preciosa, con una bella sonrisa y una gran personalidad. David se cita también con Jesús, que vive dentro de Diana. A medida que Diana conoce mejor a David, ella se encuentra con una persona especial. Él es amable, buen mozo, inteligente y un gran jugador de fútbol. Pero aun hay más. David tiene a Jesús viviendo en su interior por el poder del Espíritu Santo. Esto significa, en un sentido espiritual, que Diana está dando citas a Jesús que vive dentro de David. Lo importante es esto: *Yo debo tratar a la persona con la que me cito como si Jesús viviese en él o en ella.* Tenemos una obligación radical respecto a los hijos de Dios. La diferencia principal entre el amor y el sexo es ésta: si tú amas a alguien, deseas lo mejor para esa persona.

Amor o apasionamiento

He aquí un hecho importante: "la persona promedio se enamora cinco veces entre los 13 y los 19 años". Tú puedes perder la cabeza

> Hacer buenas decisiones respecto a tu futuro significa, primera y principalmente, responder al llamado de Dios en tu vida.

por algún muchacho o chica. Hasta puedes llegar a decir: "creo que estoy enamorado". Tus padres pueden rechazarlo y verlo como un "amor de cachorros" ¡Pero el amor de cachorros es real para los cachorros! Cuando echo una mirada retrospectiva a mis años de juventud, recuerdo que siempre me estaba enamorando de alguna chica (definitivamente pasé por encima de mi límite de cinco). Para mí fue:

12 años :Chris
13 años :Jeannie
14 años :Nancy, luego Geri (¡Geri era una chica!)
15 años :Marla, luego volví a Jeannie
16 años :Carla y Carol (¡al mismo tiempo!)
17 años :Carol
18 años :Carol
19 años :Cathy (¡ésta me duró!).

Sin embargo, había una diferencia importante entre el amor que tentía por Cathy y el apasionamiento por, digamos, Nancy. Nancy me gustaba, pero después de unos pocos meses decidimos mutuamente ir cada uno por tu camino. Yo supe que amaba a Cathy porque era un compromiso a *largo plazo*. Nos seguimos amando aun en las malas épocas.

La diferencia entre el amor y el apasionamiento es el largo plazo contra el corto plazo. Un día, Cathy, nuestras hijas y yo estábamos disfrutando de un día de playa. Yo estaba haciendo mi habitual estudio de las personas. Había un grupo de adolescentes sentado en el puesto del salvavidas. Una de las chicas estaba proclamando a viva voz: "¡Es un tremendo pedazo de hombre! ¡Estoy enamorada, estoy enamorada!" Le pregunté a Cathy qué pensaba del salvavidas. Hasta ella declaró: "Realmente es un buen mozo". Cuando el salvavidas saltó de su torre y se dirigió al agua, la chica dijo: "quiero casarme con este muchacho. Tengo que encontrarme con él".

Yo me reí de su idea de casarse con él antes de conocerlo y me volví para gozar del sol. Sin embargo, quería decirle: "Discúlpame, pero tú no estás enamorada, tú estás apasionada". La historia del salvavidas puede parecer una exageración para algunos de nosotros, pero muchas personas demasiadas veces toman decisiones importantes basadas en situaciones casi tontas.

He aquí algunas buenas líneas para guiarte y algunas preguntas prácticas para saber cuándo uno está enamorado:

¿Te "gusta" la otra persona? Hay una diferencia entre gustarte y amarla. Existen demasiados matrimonios en los cuales las personas se "aman" pero no gustan el uno del otro. Estos matrimonios son algo patéticos. Es posible amar a alguien sin gustar de él, pero no escojas esto en una relación.

¿Eres tú transparente con el otro? Un signo verdadero de amor es que tú puedes disentir, compartir tus dudas más profundas, sueños más profundos, y aun así sentirte aceptado.

¿Eres tú demasiado dependiente? El verdadero amor quiere lo mejor para la otra persona y no demuestra una dependencia enfermiza hacia la otra persona para satisfacer todas tus necesidades.

¿Es tu amor egocéntrico? Si con frecuencia surge la pregunta: "¿qué hay para mí en esto?" y si el amor es egoísta, entonces probablemente no es amor verdadero.

¿Es tu amor por Cristo tan maduro como tu amor por el otro? Un amor ligado al amor a Dios es el tipo de amor más fuerte. Si

tú no puedes responder "sí" a esta pregunta, entonces creo que tu relación es un juego.

Tu relación, ¿te trae felicidad o infelicidad? Conozco varios estudiantes ahora mismo que están en una "relación amorosa" aun a pesar de que les trae gran pesar. Su autoestima pobre los está forzando a permanecer en esa situación. Tengo una palabra para ellos: *tontos*.

El amor: al estilo de 1 Corintios 13:

He aquí una gran definición para el amor:

> EL AMOR:
> es paciente
> es amable
> no es celoso
> no es presumido
> no es orgulloso
> no es grosero
> no es egoísta
> no se irrita
> no guarda rencor
> no se goza de la injusticia
> se goza de la verdad

Nadie tiene el amor perfecto, salvo Dios. Sin embargo, esto puede ser un gran instrumento de medición para tus relaciones amorosas. Echa una mirada a la lista de arriba y piensa en alguien que tú amas o que te ama a ti. Ahora escribe las palabras "raramente", "a veces" o "casi siempre" al lado de las palabras que describen tu relación amorosa. Es un buen ejercicio verificar cómo se encuentra la relación.

Citas creativas

No podía terminar este capítulo sin una sección final de citas creativas. Desafortunadamente, demasiadas personas también son demasiado aburridas cuando se trata de citas. Ellos siempre hacen las mismas cosas en el mismo momento, en el mismo lugar. La citas estaban destinadas a ser alegres y divertidas. Por años guardé en mi escritorio una lista de ideas de citas con creatividad para Cathy y para mí. La gente dice: "la variedad es la esencia de la vida", y nosotros hemos probado con seguridad una variedad de experiencias en cuanto a citas. Yo diría que alquilar una canoa una tarde muy fría al caer el sol, perderse y luego caer al agua vestidos fue nuestra decisión más tonta para una cita. Diez años después, es divertido contarlo. Hemos creado algunos recuerdos poco comunes para toda la vida.

Te digo lo que yo hago. Yo colecciono ideas para citas. Las consigo de amigos o libros y aun intercambiando ideas con estudiantes en algunas de mis conferencias. Tú puedes confeccionar tu propia lista, pero te ayudaré a comenzar. A continuación hay 101 ideas para citas creativas:

1. Escriban juntos una canción.
2. Salten sobre piedras, hagan un concurso.
3. Escriban una carta "improvisada" a un amigo.
4. Lean el diario, la revista *Time* u otra revista informativa.
5. Escriban una carta a Dios.
6. Llamen a alguien con el cual no hayan hablado por un tiempo y visítenlo.
7. Den un paseo con tu perro.
8. Vayan al campo de golf.
9. Vean un encuentro de la Pequeña Liga de béisbol, fútbol o fútbol americano.
10. Escriban metas.
11. Lean un *buen* libro juntos.
12. Escriban un diario.
13. Festejen algo.
14. Hagan una dieta divertida.
15. Usen un sombrero divertido.
16. Secuestren a un amigo para desayunar.
17. Tomen fotografías.
18. Vayan al parque y dibujen algo (pájaros, la puesta del sol, etc...).
19. Visiten la biblioteca y háganle una pregunta rara al bibliotecario.
20. Desarrollen juntos una nueva manera de reír.
21. Visiten el zoológico.
22. Visiten una misión.
23. Visiten un museo de arte.
24. Paseen en bicicleta.
25. Aprendan un pasatiempo juntos.
26. Laven un automóvil.
27. Bañen a tu perro.
28. Vayan a patinar sobre ruedas.
29. Escalen una montaña.

Sobreviviendo la adolescencia

30. Súbanse a un árbol.
31. Coman con creatividad un día entero por $1,18.
32. Hagan un picnic donde sea, sean creativos.
33. Interroguen al vecindario con un cuestionario raro, hecho por ustedes mismos.
34. Salgan de compras de automóviles.
35. Vayan al aeropuerto y observen a la gente.
36. Acampen en tu propio vecindario por un día.
37. Vayan a bailar.
38. Paseen en una bicicleta para dos.
39. Visiten una playa o un lago.
40. Patinen sobre hielo.
41. Vayan de compras.
42. Juegen *backgamm*on.
43. Paseen en canoa.
44. Hagan un paseo a caballo.
45. Jueguen *pinball* o *minigolf*.
46. Hagan esquí acuático.
47. Jueguen a los bolos.
48. Intenten escribir algo creativo (poemas, cuentos cortos).
49. Jueguen al ping pong.
50. Jueguen juegos de mesa o de cartas.
51. Planten un jardín juntos.
52. Hagan un paseo.
53. Hagan volar cometas.
54. Traten de hacer una excursión.
55. Visiten un campo de béisbol.
56. Jueguen al tenis.
57. Aprendan a jugar racquetball.
58. Naveguen.
59. Pesquen.
60. Viajen en un ferry.
61. Asistan a un estudio bíblico.
62. Salgan a pasear.
63. Esquíen sobre nieve.
64. Practiquen trote.
65. Involúcrense en manualidades.
66. Tomen juntos una clase divertida.
67. Tomen parte en la caza de aves.
68. Hagan las tareas escolares juntos.
69. Coleccionen algo.

70. Jueguen al croquet.
71. Vayan por el río en balsa o neumático.
72. Jueguen al volante.
73. Construyan una casa sobre un árbol.
74. Paseen en motocicleta.
75. Tomen juntos una clase de ejercicios físicos.
76. Salgan a cenar, normal o de etiqueta.
77. Compartan una pizza y conversen.
78. Hagan comida asada, al aire libre.
79. Cocinen la cena para tus padres.
80. Hagan una pausa para tomar un helado y conversen.
81. Hagan la cena juntos.
82. Horneen galletitas.
83. Hagan helado casero.
84. Concurran a un juego.
85. Vayan al cine.
86. Ayuden en las funciones del colegio.
87. Disfruten de fiestas y amigos.
88. Vayan a un evento deportivo.
89. Visiten una tienda de compraventa, un remate o una venta de garaje.
90. Vean la televisión en la casa de alguien.
91. Vayan a un concierto.
92. Observen a planeadores.
93. Vayan a una conferencia pública.
94. Escuchen a un conferencista.
95. Den de comer a los patos.
96. Vayan al circo.
97. Vayan al parque y hamáquense.
98. Salgan a la nieve y hagan muñecos con ella.
99. Concurran a un observatorio.
100. Vayan a la feria del condado.
101. Encuentren la manera de ser voluntarios juntos.

⑩

Llevarte bien
con tus padres

Cuando era adolescente, definitivamente tenía una relación normal de sube y baja con mis padres. Mamá era una mujer muy agradable. Posee, incuestionablemente, más paciencia que cualquier otra persona que yo conozca. Crió a cuatro muchachos Burns, y a mi padre, y aun así se mantuvo sana. En realidad, ella era bastante lista. Yo acostumbraba a meterla en problemas las veces que podía hacerlo y escapar. Uno de mis pasatiempos favoritos cuando estaba en séptimo grado era que, cada vez que un hombre adulto estaba afuera regando su césped y nosotros estábamos pasando en nuestro automóvil, yo bajaba la ventanilla, le silbaba y me agachaba. Por supuesto, esto causaba la impresión de que había sido mi mamá quien le había silbado. ¡Cómo se volvía loca!

Entonces, un día en séptimo grado, ella me curó la silbatina para siempre. Yo estaba apasionada y locamente "enamorado" de Chris Morris. Chris era la chica más popular en séptimo grado. Ella era treinta centímetros más alta que yo y, desgraciadamente, apenas sabía que yo existía. Mi madre y yo estábamos yendo hacia la tienda. Yo hice mi conocida rutina de silbar y agacharme. Esta vez mi mamá, con toda calma, hizo un giro en U en la mitad de la calle, condujo directamente hacia la entrada de la casa de Chris Morris y comenzó a tocar la bocina. Este fue uno de los momentos más vergonzosos de mi vida, cuando Chris y su mamá miraron por la ventana. Calmadamente mi madre me preguntó si alguna vez iba a volver a silbar y agachacharme. ¡Le rogué que diese la vuelta y prometí que nunca más lo haría!

Mi papá es un personaje de verdad. Le encantan las bromas pesadas y se emociona cuando yo soy el que las recibe. Aquí va una de sus mejores bromas pesadas. El primer día de clase yo no podía apartar mis ojos de Cathy Boyd. Ella estaba hermosa y su sonrisa radiante me quitó el aliento (¿soy un romántico o qué?). A pesar de no conocerla, me prometí a mí mismo pedirle una cita. De hecho, recuerdo haberle dicho lo siguiente a dos de mis amigos que había conocido ese mismo día:

"¿ven esa chica allí?" (apunté a Cathy).

"Sí, es bonita," me replicaron.

"Bueno, voy a pedirle una cita".

Ellos la contemplaron en toda su hermosura y me miraron a mí y se rieron.

Para hacer corta la historia, Cathy y yo nos hicimos buenos amigos. No éramos novios (fue su elección, no la mía), pero yo creía que un día íbamos a serlo. Les dije a mamá y a papá que creía que había encontrado a la chica con la cual me casaría. Mi papá me preguntó si ya había salido alguna vez con ella y le contesté: "No". Él se rió.

De todas maneras, llegó el gran día en el cual la iba a llevar a casa para presentársela a mis padres. Ahora, recuerden que no éramos novios. Según palabras de Cathy, éramos "sólo amigos". Le pedí a mamá que hiciera una cena especial, pedí prestada la porcelana a mi tía Mariana y realmente creé una atmósfera memorable. Le pedí a mi padre que mostrase su mejor conducta, y le rogué que no empezara con sus bromas pesadas.

Cuando Cathy y yo llegamos para la cena, la mesa estaba servida. Honestamente, nuestro hogar nunca había lucido tan agradable. No sé si Cathy se dio cuenta, pero mi mamá y mi papá estaban un poco nerviosos. Ambos estuvieron casi demasiado atentos con Cathy.

Nos sentamos a cenar. Mi papá estaba a mi izquierda, Cathy a mi derecha y mamá frente a mí. Mamá me pidió que orase. Cerré mis ojos y oré. Este era un gran momento en mi vida, tener a Cathy sentada a nuestra mesa familiar. Luego de completar mi oración tomé un profundo trago de mi vaso de leche delante de mi plato.

Sin embargo, muy rápidamente después de haber puesto la leche en mi boca, mi garganta me informó que aquello no era leche normal sino leche de manteca. *Yo odio leche de manteca.* Mientras habíamos estado orando, mi padre había cambiado su leche de manteca por mi leche normal. Miré por el costado del ojo y pude ver que se reía, mientras mamá y Cathy estaban ajenas a mi problema. Con mi mente a todo vapor, pensé levantarme de la mesa y correr al baño. Pero la única elección que tenía era ser valiente y tragarlo. Traté. La leche de manteca buscó su camino a través de mi garganta hasta mi estómago. Mi estómago lisa y llanamente no quiso aceptarla. Mi estómago y esófago tuvieron una corta disputa ¡y la siguiente cosa de la que tuve conciencia fue que escupí toda la leche encima del mantel, comida y platos de todos! Mi papá se rió, y mi mamá se enfureció con mi papá. Cathy dijo: "qué grosero" y yo desee arrastrarme hasta una cueva y morir. Es decir, morir luego de estrangular a mi padre. A pesar de esta experiencia, Cathy se casó conmigo de todas maneras ¡y nunca sirvió leche de manteca en casa!

Necesito ser sincero contigo. He sido muy afortunado de tener padres maravillosos. Cuando crecí, me di cuenta de que no eran perfectos, pero cuento mis bendiciones debido a que no me fue tan difícil a mí como lo es para algunos de los lectores de este libro. Sin tener en cuenta cómo evalúa usted a sus padres en una escala del 1 al 10, ellos representan un factor importante en la forma en que usted se ve a sí mismo.

Pensé que ser padre era fácil, hasta que me convertí en ello. Mi vida cambió dramáticamente seis años atrás cuando Christy Meredith Burns entró en nuestro hogar. Tuve que deshacerme de algunos de mis antiguos ideales y reconocer seriamente que el negocio de ser padre es atemorizante y difícil. Para ayudarte a llevarte mejor con tus padres, déjame compartirte algunas ideas respecto al motivo por el cual los padres actúan de la manera en que lo hacen.

Nadie los envía a una escuela de entrenamiento de padres

Tú eres probablemente su primer familia. Sí, ellos fueron criados en una familia, pero existe una diferencia fundamental entre ser un niño en una familia y ser papá o mamá. Me imagino que para el momento en que complete todas mis metas educacionales habré estado en el colegio bastante más de veinte años preparándome para mi carrera. No tomé ni una sola clase acerca de cómo ser un padre para mis hijos.

Permíteme decirte algo de mí como padre. Yo he experimentado con mis tres hijas. Cambié doce veces mi forma de pensar respecto a la disciplina. Christy, la mayor, está siendo criada distinto que Rebecca o Heidi. Nosotros, los padres, aprendemos con ensayo y error. En el momento en que pensé haberlo logrado con Christy, apareció Rebecca. Su personalidad y forma de pensar acerca de la vida eran totalmente diferentes. Heidi tuvo el descaro de ser diferente a cada una de sus hermanas.

La primera palabra que salió de la boca de Christy fue "papá". Yo esperaba que ocurriese lo mismo con Rebecca. No fue así. Rebecca dijo "popó" antes de decir "papá". Cuando finalmente llegó el día en el que Rebecca me miró y con sus brazos extendidos me dijo "papá", yo lloré. Quince minutos después estábamos en nuestro jardín en el frente de la casa y se acercó el perro del vecino. Rebecca señaló al perro con el dedo y nuevamente dijo "papá".

Soy el primero en admitir que, como padre, estoy en proceso. Hay días en los cuales estoy lleno de confianza y otros en los que no sé qué estoy haciendo.

Tus padres están asustados

Puede ser que tus padres no te lo digan nunca directamente, pero están asustados cuando llega el momento de educarte. Ellos saben qué fácil es para ti estallar. Probablemente ellos también cometieron algunos errores bastante tontos cuando tenían tu edad. Creo

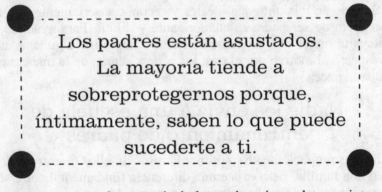

Los padres están asustados.
La mayoría tiende a
sobreprotegernos porque,
íntimamente, saben lo que puede
sucederte a ti.

honestamente que la mayoría de los padres tienen buenas intenciones. Ellos solamente tratan de compensar sus propios errores o antecedentes familiares.

Por ejemplo, cuando yo estaba en los primeros años de la secundaria, mi papá me llevó aparte y me dijo: "tu madre y yo haremos un paseo por la Florida. Te quedarás con tu abuela. Yo sé que estás saliendo con Carol bastante seriamente, por eso te digo ahora que mientras no estemos, *no lo hagas*. Te puedes cansar y tienes juegos importantes de baloncesto en el tiempo que estaremos ausentes".

¿Sabes qué es lo que mi papá trataba de decirme? Trataba de decirme: "Jim, estoy preocupado por tu relación con Carol. Es normal que los chicos y las chicas jóvenes tengan curiosidad respecto al sexo. Yo espero que te domines y no tengas relaciones sexuales. De hecho, me gustaría que consideres algunos temas importantes respecto al hecho de no tener relaciones sexuales con la persona con la que te vas a casar. Cualquier pregunta que tengas al respecto, no vaciles en consultarme. Quiero estar a tu disposición para hablar sobre estos importantes temas contigo. Te quiero y creo en ti."

Debido a que sus padres jamás le habían hablado del sexo y él estaba mortalmente asustado de que yo podría hacer algo tonto, me pidió no hacerlo, ¡y apostó a que mi deseo de ganar en baloncesto fuera más fuerte que mi impulso sexual! Si tú te preguntas qué pasó durante su paseo por la Florida, Carol rompió conmigo dos días antes de que se fueran mis padres. Mi abuela y yo vimos mucha televisión.

Los padres están asustados. La mayoría tiende a sobreprotegernos porque, íntimamente, saben lo que puede sucederte a ti. Cuando crees que ellos no entienden, muy bien podría ser que están entendiendo demasiado.

Los padres están en el negocio de la protección

¿Te has dado cuenta de que cuando llegas a los dieciocho años de edad, representas una inversión de más de $100.000? Ni una sola vez he pensado en mis hijos como una mera "inversión financiera", pero invertí mi vida, energía, tiempo, emociones y finanzas en mis hijas.

Cathy y yo salimos para tener una cena romántica sin las chicas. Necesitamos ese descanso. Decidimos vestirnos bien y gastar un poco de dinero en una gran comida romántica y terminamos pasando la velada hablando de, usted lo adivinó, "las chicas". ¡Mis padres están en los setenta y cuando salen a cenar, sólo hablan de "los chicos"!

Los padres frecuentemente expresan su cuidado y preocupación de maneras sobreproteccionistas. Si tú crees poder cambiar a tus padres de la noche a la mañana, olvídalo. Cuando naciste, ellos comenzaron a protegerte, y sólo porque ahora eres un adolescente no creas que esto puede cambiar inmediatamente. El mejor consejo que puedo darte es que seas paciente y te ganes su confianza.

Tus padres puede que estén atravesando sus propias crisis de identidad

Si eres un adolescente normal, probablemente tengas, a veces, una típica crisis de identidad. Después de todo, es lo que los años de adolescencia traen consigo. Pero no pienses ni un momento que una crisis de identidad desaparecerá mágicamente cuando seas adulto. Tus padres pueden estar teniendo ellos mismos un importante ataque de crisis de identidad. Conozco algunos padres de adolescentes que tienen pánico al pensar que envejecerán. Me escuché a mí mismo decir: "¿qué haré cuando sea mayor?" "Nadie me quiere". "No tengo amigos". "Me asusta el futuro". Ayer, casualmente, le dije a Cathy: "no puedo creer que iremos a ese lujoso restaurante y a mí me salió un enorme grano en el mentón". Nosotros, los padres, no somos muy diferentes de ti cuando se llega al momento de buscar la identidad, excepto que somos responsables por ti, y a veces lo disimulamos mejor.

Construyendo una buena relación con tus padres

El aprender algo más respecto a los motivos por los cuales tus padres actúan de la manera que lo hacen no siempre solucionará los problemas inmediatamente, pero quizás ayudará a comunicarse con ellos de una manera más informal. Existen cinco quejas comunes que oigo constantemente de los adolescentes respecto de sus padres. Ellas son: 1) mis padres no me tienen confianza, 2) mis padres no me quieren, 3) mis padres no me escuchan, 4) mis padres me critican, y 5) mis padres son hipócritas. Estas quejas, en cierto grado, pueden ser todas verídicas. Cuando tú eras muy joven, no podía hacer mucho para resolver los problemas con tus padres, pero cuando pasaste de la niñez a la edad adulta, algunas de las cargas de mantener una buena relación con ellos pueden haber pasado a descansar sobre tus hombros.

Aquí hay cuatro principios para ayudarte a llevarte mejor con tus padres:

Hónralos y obedécelos.

No soy un erudito bíblico, pero parece bastante claro que la Biblia requiere de nosotros que honremos y obedezcamos a nuestros padres. De los Diez Mandamientos, es el único que contiene una promesa:

> "Honra a tu padre y a tu madre, para que tus días se alarguen en la tierra que Jehová tu Dios te da"
>
> Éxodo 20:12

No quiero parecer demasiado simple o ingenuo, pero estoy convencido de que si tomamos la decisión de honrar y obedecer a nuestros padres a conciencia, a la larga, seremos mucho más felices. Está comprobado que las personas que son más felices y no tienen conflictos importantes con sus seres queridos, tienden a vivir más tiempo y más exitosamente. Lo escrito al respecto hace dos mil años sigue siendo la verdad para el tiempo presente.

Tú puedes preguntar ¿y qué pasa si mis padres están completamente equivocados? Mi respuesta es, en tanto no sea perjudicial para Dios, sigue honrándolos. Obedéceles aunque estés en desacuerdo con ellos, porque esa es la forma con que vas a ganar su confianza. ¿Significa que nunca debes estar en desacuerdo con ellos? De ninguna manera. En las mejores familias hay disputas. Significa que tú debes *elegir tus batallas sabiamente*. No vale la pena entrar en conflicto por cada asunto en particular. Te sugiero que *tengas en consideración los resultados a largo plazo*.

Muchas personas de tu edad desean que sus padres les den más libertad. Puedo comprenderlo, ciertamente. La forma correcta de ganarse la confianza de tus padres es dejar que tus actos abran el camino. Si deseas su confianza, *evita andar a hurtadillas*. Como padre, la forma en que yo me imagino esto es la siguiente: *donde hay humo, generalmente hay fuego*. Si mis hijas andan escabulléndose, yo sé que no se puede confiar en ellas.

El otro día vi un afiche con la fotografía de un niño pequeño con una mirada culpable en su rostro. Parecía como si recién lo acabasen de atrapar en algo malo. El encabezamiento rezaba: "Cuando soy bueno, soy bueno, cuando no, soy humano". Nadie espera de ti que seas perfecto. Si las expectativas de tus padres son en alguna medida la perfección, entonces ellos están equivocados.

Lo mejor que tú puedes hacer cuando echas algo a perder, es: *asumir la responsabilidad de tus actos.* Le digo constantemente a Christy: "si me dices la verdad, no tendrás problemas. Si te sorprendo en una mentira, estarás en problemas". Cuando estés en duda, sé honesto.

Agradéceles

Puede ser que tú no lo comprenda ahora pero son muchas las posibilidades de que tus padres piensen que han sacrificado su vida para darte una vida mejor a ti. Y, en algunos casos, probablemente tengan razón. Tenemos la tendencia de dar por descontado que las personas darán por nosotros todo lo que puedan. Por lo tanto, si deseas tener mejores relaciones con tus padres, no te olvides de expresarles tu gratitud. ¿Cuándo fue la última vez que les agradeciste por todo el esfuerzo y dedicación de ellos en tu vida?

En la época en que me estaba haciendo hombre, mi familia no era de expresar su amor en forma verbal. Mi mamá se sentía más cómoda haciéndome bizcochos. Mi papá no se perdía ninguno de mis juegos de béisbol. Pero tú no los podrías sorprender con frecuencia dándome un abrazo o diciéndome que me querían.

> Tus padres luchan con muchos de los mismos temas que tú.
> Quizás tú tengas que moderar tus expectativas respecto a tus padres.

Al dejar el colegio, me di cuenta cuán agradecido estaba a mi mamá y a mi papá por la forma en que me educaron y cuánto se sacrificaron por mí. Un fin de semana volví a casa con la determinación de agradecerles y decirles verbalmente que los quería. Estuve esperando el momento preciso pero nunca llegó. Cuando me estaba yendo, me volví hacia mi papá, lo rodeé con mis brazos y le dije: "gracias, papá, por todo lo que has hecho. Te quiero. Me volví hacia mi mamá, le di un fuerte abrazo y le dije: "te quiero, mamá. Quiero que sepas cuán agradecido estoy por todo el duro trabajo realizado por mí". Me di vuelta para irme y ambos tenían lágrimas en sus ojos. Entré a mi automóvil y la mitad del camino de regreso al hospedaje de mi universidad, lo pasé llorando. Este fue un punto de cambio en mi familia. Aún hoy no somos de los que se abrazan y besan, palomas amorosas, como Cathy y yo con nuestras hijas, pero somos mucho más abiertos para expresar nuestro amor y gratitud.

¡Si tú aún no les has expresado a tus padres que los amas y los aprecias, no hay mejor momento para hacerlo que ahora mismo!

Trata de ponerte en el lugar de tus padres

A esta altura, usted puede estar pensando, *Eh, déme un respiro. Deje de enfocarse en las necesidades de mis padres.* Te aseguro que cuando hablo con los padres, soy su mejor abogado. Sin embargo, este capítulo es para ti, y yo estoy convencido de que uno de los factores más grandiosos para lograr una familia feliz y una mejor imagen de sí mismo es el tratar de comprender las luchas por las que tus padres están pasando.

Tus padres luchan con muchos de los mismos temas que tú. No me sorprendería que si tú posees una pobre imagen de ti mismo, lo mismo les ocurra a tu mamá y a tu papá. Tu vida familiar mejorará cuando comprendas de dónde vienen ellos. A veces están agotados de sus trabajos y presiones. Ellos dicen las mismas cosas erróneas y actúan equivocadamente igual que a veces hacemos tú y yo. Puede ser que tus padres no te han expresado todo el amor que tú necesitabas, pero probablemente ellos no recibieron tampoco de sus padres todo el amor que necesitaban.

¿Justifica esto siempre sus acciones? No. ¿Te ayuda a comprender qué dinámica familiar está tomando lugar? Sí. *Quizás tú tengas que moderar tus expectativas respecto a tus padres.* Cuando yo era niño, creía que mi mamá y mi papá eran perfectos. En mi mente, literalmente, ellos no podían equivocarse. Cuando crecí, comencé a notar algunas de sus debilidades. Mi primera reacción fue de enojo y pena. Los héroes que yo había puesto en un pedestal, se habían caído de él. La experiencia de quitarlos de la perfección me ayudó a comenzar a asumir más responsabilidad por mi propia felicidad y no culpar a mis padres. Después de todo, eran tan humanos como yo.

¿Actúan contigo tus padres (solteros o casados) en forma particular debido a sus propias luchas de relaciones? ¿Cuáles son en la actualidad las presiones financieras de tus padres? ¿Dónde observas las áreas de mayor tensión en sus vidas? El ponerse en el lugar de ellos no hace desaparecer los problemas. Pero te permite a ti una mejor comprensión de los motivos por los cuales actúan y reaccionan de la manera en que lo hacen.

Permíteme efectuarte tres preguntas para asegurar que estás aplicando este principio en tu vida:

- ¿Qué problemas y presiones tienen tus padres en la actualidad?
- ¿En qué grado afectan estos asuntos su relación contigo?
- ¿Qué puedes hacer tú para ayudar a tus padres?

La comunicación es la clave

Tú nunca puedes dejar de trabajar en el proceso de la comunicación. Si cesas de trabajar en ello, tu relación se deteriorará rápidamente. Sin ninguna duda, una de las otras razones por las cuales tus padres están asustados es que ellos saben lo difícil que es hablar contigo. Una buena comunicación se complica por el hecho de que tú y tus padres son de generaciones diferentes con un sinnúmero de intereses diferentes. Quizás ellos provienen de familias que no se comunicaban muy bien y ahora, años más tarde, han formado algunos modelos y hábitos gastados.

No podemos hacer mucho por el pasado, pero definitivamente podemos hacer una diferencia en el futuro.

Inicia la conversación. Una de las mayores quejas de los padres es "mis hijos no hablan conmigo". Sorpréndelos, comparte con ellos tus sentimientos, penas, gozos y sueños. Si no responden de la forma que desearías, más adelante diles tus sentimientos. Si percibes que es una conversación de una sola vía, persevera. Si tienes que hacerlo, *toma la iniciativa* cuando llega el momento de conversar.

Pasa tiempo con tus padres. Mucho después de que tus amigos del colegio hayan pasado, aún tendrás a tus padres. Lo más probable es que seas extremadamente importante para ellos. Al entrar en la madurez, temen que ya no quieras pasar más tiempo con ellos. Mi consejo es que hagas algo junto con tu mamá o tu papá, en su mundo. Si a tu papá le gusta el béisbol pero a ti no te entusiasma mucho, compra las entradas e invítalo a un partido. Él sabe que a ti no te gusta el béisbol, pero también va a darse cuenta de que tú quieres pasar un tiempo con él, y eso es lo que importa.

Haz una cita con tu mamá o tu papá. Una de las mejores inversiones en tu comunicación con tus padres es pasar un tiempo juntos con cada uno. Una vez por mes tengo una cita con cada una de mis hijas. No gastamos mucho dinero en estas citas, pero te garantizo que son una de las satisfacciones más grandes de mi vida. Siempre me asombro de lo que hablamos en esas citas. Aunque mis hijas son pequeñas, ¡las dejo planear las citas y yo pago! No esperes que lo hagan tus padres, puede que nunca tomen la iniciativa.

Dios te dio a tus padres. Puede ser que para algunas personas este sea un concepto difícil de comprender. Ellos saben que sus padres no son perfectos. Quizás un divorcio problemático, el alcoholismo, el abuso emocional o cientos de otros temas devastadores influyan en la manera de creer que Dios tenie algo que ver en la relación con sus padres. Conozco a una mujer joven que fue adoptada desde su nacimiento en un hogar algo negativo. Ella me dijo una vez: "si Dios tuvo que ver en el hecho de que me hayan quitado a mis verdaderos padres y me hayan dado estos, entonces la broma fue cruel". Realmente, la comprendí. Sin embargo, nadie prometió que iba a ser fácil. Ninguno, incluyendo a Dios, ha prometido jamás padres perfectos. La Biblia es muy clara respecto a la parte que le corresponde a Dios en tu creación. Esto es lo que el salmista David dijo:

> "Porque tú formaste mis entrañas; tú me hiciste en el vientre de mi madre. Te alabaré; porque formidables, maravillosas son tus obras; estoy maravillado, y mi alma lo sabe muy bien. No fue encubierto de ti mi cuerpo, bien que en oculto fui formado, y entretejido en lo más profundo de la tierra. Mi embrión vieron tus ojos, y en tu libro estaban escritas todas aquellas cosas que fueron luego formadas, sin faltar una de ellas."

> Salmo 139.13-16

Yo creo que tú fuiste puesto en tu familia por una razón. Cuando escuché este concepto por primera vez en mi Club de Vida Universitaria en la secundaria, fue como si se encendiese una luz en mi interior. Esto significaba que yo era algo especial. Dios tenía un plan distinto para mí. El Dios del universo cuidaba tanto de mí que me había puesto con Bob y Donna Burns en Anaheim, California. ¿Fueron padres perfectos? Realmente no. Yo tampoco fui un hijo perfecto. Pero cuando los contemplo como un regalo especial de Dios para mí, veo nuestra relación bajo otra luz.

Aquí va mi última porción de consejos respecto a los padres. No pelees con esto; acepta el hecho de que serán tus padres siempre y para siempre. Ya que ellos serán los únicos padres que tendrá por toda la eternidad, haz todo lo posible para mantener la relación creciente y positiva. Con tiempo, energía, un montón de trabajo y la ayuda de Dios, yo creo que tú estarás de acuerdo en que la relacion con tus padres bien vale la pena.

11

Basura que entra / basura que sale: La influencia del rock, las películas y la televisión en tu autoestima

Algunos años atrás, un hombre estaba viajando a través del país escabulléndose de un tren de carga en otro. Una noche se encaramó en lo que pensó que era un furgón cerrado. Cerró la puerta, la cual automáticamente bloqueó la cerradura y lo atrapó en su interior. Cuando sus ojos se acostumbraron a la luz, se dio cuenta de que estaba adentro de un vagón frigorífico. Sintió el frío intenso y congelante, y todo el ruido que hizo desde adentro fracasó en su intento de atraer la atención de alguien. Luego de varias horas de lucha, estaba acostado sobre el piso del vagón de ferrocarril.

Mientras luchaba contra el frío helado, garabateó en el piso un mensaje explicando su inminente e infortunada muerte. Tarde al día siguiente, obreros de reparación del ferrocaril abrieron la puerta y encontraron el hombre muerto adentro. Si bien parecía como que hubiese muerto helado, la verdad es que los obreros habían llegado para reparar la unidad de refrigeración de ese vagón. Lo más probable es que la temperatura de ese vagón nunca había bajado de diez grados centígrados durante la noche. El hombre murió porque *pensó* que se estaba muriendo de frío.

Quizás no haya nada más poderoso en el mundo que la mente humana. Tu mente importa, y la forma de pensar que tú eliges tendrá gran influencia en tu vida. La Biblia dice: "Como el hombre piensa en su corazón, así es él." Emerson escribió: "el hombre se convierte en lo que está pensando todo el día". Muchas veces nos olvidamos de las dos influencias, la positiva y la negativa, que nuestras mentes pueden tener sobre nosotros. Si alguna vez tienes la esperanza de vivir la realidad de tus sueños y eliges un estilo de vida sano y positivo, entonces una de las áreas más importantes de tu vida en las que tendrás que trabajar es en lo que pones tú dentro de tu mente.

Tu mente es tan poderosa y vulnerable que cualquier cosa que pongas en ella, eventualmente saldrá. Si pones basura, saldrá basura. Si pones cosas buenas, saldrán cosas buenas. *La vida es un eco, cada uno recibe de vuelta lo que puso en ella.* Es tan simple como esto: si tiendes a plantar pensamientos negativos, ¿qué crecerá en tu mente?

Influencias poderosas

Pornografía

Recientemente hice una investigación en el área de la pornografía y su efecto en los adolescentes. ¿Te has dado cuenta de que se gastan más de diez billones de dólares por año en pornografía en Norteamérica? Cuando tú llenas tu mente con basura, la tendencia natural es dar el siguiente paso y actuar de acuerdo con lo que has ingerido. Cincuenta por ciento de los adolescentes norteamericanos están por lo menos levemente involucrados en pornografía una vez al mes. No es de extrañarse que tantas personas tengan semejantes problemas en el área de su sexualidad.

Si te ves tentado a poner pornografía en tu mente, no lo hagas, aun cuando pienses que es inocente. He conocido personas que son adictas a la pornografía. Comenzó inocentemente, pero luego desarrollaron un apetito desmedido, queriendo más y más. En la actualidad son personas confundidas con profundas heridas en sus vidas. No hay absolutamente nada positivo en la pornografía. Me gustaría que ellos pusieran carteles que dijeran: *Precaución: la pornografía es un veneno para tu mente.*

Televisión

No te voy a decir que quemes tus aparatos de televisión. Sin embargo, es hora de que pensemos qué es lo que entra en nuestra mente vía televisión. Tu televisor no es necesariamente pecaminoso, pero tampoco es neutral. Por ejemplo: el estudiante de secundaria promedio concurre al colegio aproximadamente 1000 horas por año. El mismo estudiante ve televisión más de 1200 horas. Una persona promedio ve 15.000 anuncios comerciales por año, y 15.000 de cualquier cosa hará efecto en nosotros. ¿Alguna vez te has detenido a pensar lo que te enseñan los anuncios comerciales de la televisión? Los anuncios comerciales de televisión nos enseñan, sutilmente, que:

1. Todos los problemas pueden resolverse;
2. todos los problemas pueden resolverse rápidamente;
3. todos los problemas pueden resolverse a través de la ayuda de alguna tecnología.

En realidad, nuestras mentes están comenzando a decirnos que si compramos un cierto par de vaqueros o tomamos la misma marca de gaseosas que toma Michel Jackson, entonces encontraremos la felicidad.

Los anuncios comerciales de cerveza son de los más inteligentes del mundo. A veces, disfruto más los anuncios comerciales que los programas. ¿Por qué todos los anuncios comerciales de bebidas alcohólicas muestran a personas hermosas, sanas y felices gozando al máximo de la vida cuando, en la actualidad, hay más de tres millones de adolescentes alcohólicos adictos a una vida que es cualquier cosa menos feliz?

> La televisión no es mala en su esencia, pero posee una profunda influencia en cualquiera que la vea.

Puede ser que la vida esté cayéndose a pedazos alrededor nuestro, pero nuestras mentes nos están diciendo subconscientemente que pronto todo estará bien. Después de todo, nuestros programas de televisión favoritos siempre terminan bien. Si no somos cuidadosos, la televisión puede convertirse en nuestra realidad. El poder de la mente subconsciente y la influencia de la televisión, cuando van juntos, son tan poderosos que nos olvidamos de que se trata de una ficción. Hace poco más de diez años atrás, más de un cuarto de millón de personas escribieron al doctor Marcus Welby, doctor en medicina (no es un doctor real sino un personaje de la televisión), pidiéndole seriamente consejos médicos. ¿Todas estas personas están locas? No, son personas normales como tú y como yo que solamente olvidaron que la televisión es una simulación. Si tú eres un teleadicto, no creas que tu problema carece de importancia. La televisión no es mala en su esencia, pero posee una profunda influencia en cualquiera que la vea.

Música rock

Más que toda otra cosa en el mundo de hoy, los adolescentes están unidos por una característica, escuchan música rock. Las estadísticas más recientes nos enseñan que el estudiante promedio escucha música rock cuatro horas al día, y más del 85% de la gente joven declara que el rock es su música favorita.

Contemplando esto, debemos llegar a la conclusión de que la música rock juega un significativo rol en tu vida. Aun cuando no te des cuenta, tu mente retiene *todo* lo que ha sido puesto en ella, aun subconscientemente.

En el mundo cristiano, el tema de la música rock es muy controversial. Hay personas, con buenas intenciones, que creen que toda la música rock es literalmente satánica. Otros, con fuertes convicciones, dicen que se puede escuchar la mayoría de la música rock. No obstante, tú nunca escucharás decir a nadie, desde la perpectiva cristiana, que eso que algunos denominan "rock pornográfico" sea una influencia positiva para nuestras vidas.

La gente siempre me pregunta: "¿cuál es su posición con relación al rock and roll?" Personalmente, yo estoy en algún punto medio. Estoy profundamente preocupado respecto a las sutiles, y no tan sutiles, canciones que salen de la boca de las estrellas del rock. Sé que nuestras mentes se apropian de las letras de las canciones aun cuando no estamos prestando atención a las palabras de las mismas. El poder de la mente es sorprendente y no hay que tomarlo a la ligera. He visto a miles de personas perder terreno en sus relaciones con Dios debido a que, con franqueza, la elección de su música no deja lugar para su fe cristiana. Uno de los escritores del Antiguo Testamento dijo: "Elige tú en este día a quién quieres servir". Creo que si se les formulara esta pregunta, gran cantidad de adolescentes se inclinarían más hacia el rock and roll que hacia la roca de nuestra salvación.

Por el otro lado, no sólo porque una canción sea transmitida por una estación de radio de rock o posea un ritmo progresivo, hay que llamarla necesariamente perniciosa. Me inquietan más las palabras que el ritmo. En canciones lentas del oeste y vaqueras de mis padres, he escuchado algunas letras muy poco elegantes. Básicamente, tú tienes tres opciones:

1 .No voy a escuchar ninguna clase de música rock.
2 .Voy a escuchar constantemente música rock.
3 .Quiero ser un oyente selectivo.

Aunque la mayoría de los adolescentes eligen la opción 2, yo espero que tú no lo hagas. Algunos estudios efectuados en la mente subconsciente nos dicen que es demasiado peligroso para tu estilo de vida. La mayoría de los adolescentes manifiestan que no prestan atención a la letra de las canciones, pero cuando se les pregunta respecto a las palabras de las mismas, hasta ellos se sorprenden cuánto pueden repetir de memoria de una canción.

Aquí hay algunas preguntas y reglas excelentes para escuchar música rock:

- ¿Puedo glorificar a Cristo escuchando esta canción?
- ¿Estoy empleando mi tiempo sabiamente?
- ¿Qué me controla?

Si eres completamente honesto y buscas la sabiduría de Dios, estas simples preguntas te ayudarán a hacer la elección correcta. Te ayudarán a elegir inteligentemente qué tipo de música pondrás en tu mente.

Ganando la batalla por tu mente

Los medios de información pueden ser la música, las películas, la televisión, los videos y las revistas. Estos medios pueden engañarte. Nunca subestimes el poder directo que ellos poseen sobre tu mente. El principio de la basura que entra y la basura que sale es el principio más fuerte y sensible para tratar con los medios de información y la mente. Cuando miramos hacia esto lógicamente, es obvio pensar que todo lo que tú alimentas, crecerá. Si alimentas tu mente con influencias negativas, lo negativo *aflorará*. Si la alimentas con influencias positivas, entonces vencerá lo positivo. En realidad, es muy simple: "lo que entra, debe salir". Ya que tu mente ejerce tanta influencia en quién eres tú y en quién te estás convirtiendo, miremos a algunas sugerencias prácticas para mejorar nuestra manera de pensar:

Piensa en cosas buenas

He aquí una frase para que la memorices: *Tú creas cambios en tu vida cuando ganas control sobre tus pensamientos*. Las personas que viven vidas satisfechas están en el proceso de manejar su manera de pensar.

Escucha las palabras del apóstol Pablo respecto a nuestros pensamientos:

> "Por lo demás, hermanos, todo lo que es verdadero, todo lo honesto, todo lo justo, todo lo puro, todo lo amable, todo lo que es de buen nombre; si hay virtud alguna, si algo digno de alabanza, en esto pensad. Lo que aprendisteis y recibisteis y oísteis y visteis en mí, esto haced; y el Dios de paz estará con vosotros."

Filipenses 4:8-9

Observa al final del versículo cuál es el resultado de pensar en cosas buenas: *la paz. Cuando plantas buenos pensamientos en tu*

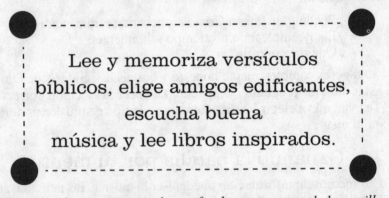

Lee y memoriza versículos bíblicos, elige amigos edificantes, escucha buena música y lee libros inspirados.

vida, sus raíces se enterrarán profundamente y cuando la semilla de los buenos pensamientos comienza a germinar, una de sus muchas características es la paz.

Tú puedes programar tu mente para que tenga buenos pensamientos.

Permíteme sugerirte algunas maneras: lee y memoriza versículos bíblicos, elige amigos edificantes, escucha buena música y lee libros inspirados. En el tiempo dedicado a la oración, no te apresures, tómate tu tiempo para orar y meditar. Recuerda: "como piensa el hombre en su corazón, así es él".

Desarrollar una vida devocional calificada siempre ha sido una lucha para mí, aunque pienso que es de importancia capital tener buenos pensamientos y mantener la mira en el Señor. Hace unos pocos años atrás, en frustración, desarrollé un plan que funcionaba bien conmigo. Quería leer todo el Nuevo Testamento, así que lo dividí en noventa secciones, aproximadamente tres capítulos por día. En mi agenda puse una gran marca a los noventa días del día en que comencé. Leer completamente el Nuevo Testamento en sólo un período de tres meses me ayudó a disciplinar mi vida para poder leer de diez a quince minutos por día, y me dio la oportunidad de plantar cosas buenas en mi vida.[1]

Si tú realmente quieres programar tu mente para que tenga buenos pensamientos, entonces tendrás que encontrar un método devocional que funcione bien para ti. Estudiando a los grandes hombres y mujeres de Dios, encontré una característica que sobresale por encima de todas las demás: *todos tenían un tiempo diario de quietud con Dios.*

Si quieres tener buenos pensamientos deberás renovar constantemente tu mente con buenas cosas. Hay dos versículos bíblicos que fueron de especial ayuda para mí:

"Al de firme propósito guardarás en perfecta paz, porque en ti confía."

Isaías 26:3 (LBLA)

"Nunca se apartará de tu boca este libro de la ley, sino que de día y de noche meditarás en él, para que guardes y hagas conforme a todo lo que en él está escrito; porque entonces harás prosperar tu camino, y todo te saldrá bien."

Josué 1:8

La promesa de Dios dice que si meditamos y ponemos nuestros ojos en él tendremos paz, prosperidad y éxito. A juzgar por estos versículos bíblicos, la disciplina de poner los ojos en el Señor vale la pena.

El Apostol Pablo te reta en esto al decir:

"no os conforméis a este siglo, *sino transformaos por medio de la renovación de vuestro entendimiento*, para que comprobéis cuál sea la buena voluntad de Dios, agradable y perfecta".

Romanos 12:2,(el énfasis en itálica es mío).

Eso es lo que realmente somos después de todo, una mente renovada. Con una mente renovada, puedes atreverte a soñar. Dios trabaja a través de mentes que han sido renovadas, refrescadas y están abiertas para Su Espíritu Santo. Relájate un momento y limpia tu mente. Entonces escribe sobre un papel algunos pensamientos de tus más profundos sueños y honrados deseos. No temas dejar correr tu imaginación salvajemente. Ahora pon las palabras "todo lo puedo en Cristo que me fortalece" en ese mismo papel. Con una mente renovada, ¿qué te impide convertirte en la persona de tus sueños?

No te afanes con cosas sobre las que no tienes control

Demasiadas personas están desgastadas por preocuparse por cosas que no pueden controlar. No te olvides de que 85% de las cosas que nos preocupan jamás suceden, 10% sucederán de todas maneras y 5% restante son preocupaciones justificadas. ¡Esto habla de energía desperdiciada en tu vida! *La preocupación paraliza la productividad en la vida.*

¿Alguna vez en tu vida has hecho algo verdaderamente estúpido? ¿Algo que lamentas haberlo hecho? Por supuesto que si. ¿Hay algo que puedas hacer ahora? Si tu respuesta es afirmativa, hazlo hoy mismo. Si tu respuesta es negativa, entonces deja de preocuparte por ello y usa tu energía en algo productivo.

Me gusta la actitud del apóstol Pablo cuando dice:

"No que lo haya alcanzado ya, ni que ya sea perfecto; sino que prosigo, por ver si logro asir aquello para lo cual fui también asido por Cristo Jesús. Hermanos, yo mismo no pretendo haberlo alcanzado; pero una cosa hago: olvidando ciertamente lo que queda atrás, y extendiéndome a lo que está delante, prosigo a la meta, al premio del supremo llamamiento de Dios en Cristo Jesús."

Filipenses 3:12-14

La actitud de Pablo es altamente terapéutica para aquellos que tienen la tendencia de sentirse víctimas de errores del pasado. Da tu pasado a Dios y mira hacia un brillante y hermoso futuro.

Nuestros cuerpos, emocional, espiritual y físicamente no están hechos para manejar la gran presión y todas las preocupaciones que intentamos colocar en nuestras vidas. Nuevamente el consejo de Pablo es:

"Por nada estéis afanosos, sino sean conocidas vuestras peticiones delante de Dios en toda oración y ruego, con acción de gracias. Y la paz de Dios, que sobrepasa todo entendimiento, guardará vuestros corazones y vuestros pensamientos en Cristo Jesús."

Filipenses 4:6-7

Pablo afirma claramente que no debemos preocuparnos por cada cosa, sino que debemos entregar nuestros problemas a Dios y, observa el resultado: *la paz.*

Tengo una amiga que frecuentemente está preocupada y en pugna con un "problema importante" tras otro. Ella tiende a agravar sus preocupaciones jugando al "¿Qué pasa si?". Ella piensa en lo peor y constantemente dice: "Bueno, *¿qué pasa si* sucede una tragedia?" o "*¿qué pasa si* él no me gusta? o *¿qué pasa si* no lo puedo hacer? Mi respuesta es que tenemos demasiados problemas cada día. El juego de las preocupaciones "¿Qué pasa si?" únicamente oscurece el panorama y causa que no podamos gozar del aquí y ahora. Si tú juegas al "¿Qué pasa si?", toma conciencia de ello y decídete a dejar de jugar a un juego en el cual tú únicamente serás el perdedor.

Tus palabras tienen poder

"La muerte y la vida se encuentran en el poder de la lengua" es la sabiduría del autor de uno de los Proverbios. Lo que tú pronuncias frecuentemente vuelve hacia ti y te persigue. De hecho, lo que tú dices, frecuentemente revela lo que piensas, y a veces surge cuando tú no quieres. Si constantemente te das a ti mismo "golpes verbales" y te abates, sólo será una cuestión de tiempo hasta que vivas como si esos golpes fuesen reales. La profecía cumplida en sí misma dice: "Si te llamas a ti mismo un tonto, te convertirás en un tonto. Si te llamas a ti mismo feo, te convertirás en un feo. Si dices que no tienes amigos, con el tiempo serás un solitario." Las palabras tienen poder.

Cheryl Pruitt fue Miss América en 1980. A la edad de cuatro años vivía en una pequeña ciudad en el sur. Cada día, el lechero traía leche a la tienda de ramos generales de su padre. Levantaba a la pequeña Cheryl en sus brazos y decía: "¿Cómo está mi pequeña Miss América?" Cuando ella se hizo mayor, él agitaba el brazo en la calle y le decía: "¿Cómo está mi pequeña Miss América?" Cheryl manifestó que a la edad de diez años, debido a las palabras del lechero, se sentía muy cómoda con la idea de ser Miss América. Y en eso exactamente se convirtió. Tu diálogo interior es una clave en quién te convertirás. Nunca subestimes lo que te dices a ti mismo.

Sería terrible botar el poder de tu mente

Tu mente es tu bien más poderoso; úsala o piérdela. Aprende a usar el poder de tu mente para agregar un discernimiento positivo a tu vida. Durante el conflicto de Vietnam, muchos hombres en servicio pasaron años en las horribles condiciones de las prisiones de Vietnam del Norte. Fue asombroso ver cuántos de nuestros héroes salieron con mentes y espíritus muy agudos. Muchos de los prisioneros compartieron cómo usaron el poder de sus mentes para mejorarse aun en las más horribles situaciones.

Muchos de estos hombres aprendieron idiomas extranjeros entre sí mientras que otros memorizaron libros enteros de la Biblia sin haber tenido nunca una Biblia en la prisión. Quizás la mayor demostración del poder de la mente que yo haya escuchado jamás provenga del coronel George Hall, el cual fue "huésped" del gobierno de Vietnam del Norte en el Hilton de Hanoi. Todos los días practicaba golf en su mente. Soñaba despierto que jugaba en los encuentros más grandes del mundo y siempre usando la mejor posición, tiro de revés perfecto y excelentes tiros complementarios. Al tiempo que era un prisionero de guerra, practicó literalmente miles de veces.

Apenas una semana después de su liberación, el coronel Hall participó del Abierto de Nueva Orleans. Este hombre, que nunca había sido más que un desastre, tiró un setenta y seis, que es lo que los profesionales que practican diariamente alcanzan. ¡Qué resultado asombroso para alguien que no había pisado un verdadero club en siete años, sin mencionar el trauma de ser un prisionero de guerra!

Hay poder de tu mente.

No lo desperdicies.

Tu mente importa.

Tú puedes elegir cómo pensar.

Tomando decisiones sabias respecto a las drogas y el alcohol

Juan G. fue uno de los puntos importantes de mi vida. Su energía, entusiasmo y alegría de vivir eran contagiosos. Juan nunca hacía nada a medias. Él persiguó a Dios, a la vida, las motocicletas, los deportes y hasta a las chicas con una entrega, casi temeraria, al 100%.

Cathy y yo conocimos a Juan cuando se había mudado de Philadelphia a California y estaba cursando el octavo grado. Su madre, su hermana gemela y él empacaron todas sus pertenencias a medianoche y huyeron de un padre abusivo y alcohólico. Raras veces me hablaba de él, pero yo sabía que le dolía no ver jamás a su padre. En un sentido real, para Juan, yo ocupé el lugar de su padre.

Vigilamos el crecimiento de Juan. Empezó a mejorar en el colegio. Juan cuidó de las dos preciosas mujeres de su vida consiguiendo un trabajo a la edad de dieciséis años. Nunca faltó a una reunión del grupo de jóvenes y, de algún modo, siempre me sacaba el tema del dinero para becas de cada campamento o retiro que auspiciaba la iglesia. Pasamos lindos momentos juntos.

Entonces, las cosas comenzaron a cambiar. Juan comenzó a probar la cerveza y el alcohol. En realidad, no era diferente a sus otros amigos, pero su reacción era diferente. Juan podía tomarse seis latas de cerveza y no hacerle ningún efecto. Siempre era el conductor elegido para manejar de regreso. Comenzó a tener la fama de ser el muchacho que no tenía problemas con el alcohol. Al comenzar a beber más y más, hubo momentos en que se sobrepasó y se emborrachó, pero generalmente podía beber dos veces más que cualquier otro con poco o ningún efecto (¡eso es lo que pensábamos!) Para ese entonces, se había mudado y se comenzaron a escuchar historias negativas acerca de Juan. La pasión que había tenido por otros aspectos positivos de la vida había sido consumida ahora por, primero, la bebida y después las drogas. Luego simplemente desapareció.

Años después Juan terminó delante de nuestra puerta. Era un fuerte consumidor y vendedor de cocaína. Su historia era la típica de un adicto: relaciones rotas, problemas con la ley, peleas de familia, apartado de Dios. Cuando escuché su historia y contemplé a este hombre que había estado tan lleno de vida, comencé a llorar. Ahora estaba tan vacío. El verme tan alterado lo sobresaltó pero, en verdad, eso no fue de ayuda a la larga. Este encuentro con Juan tuvo lugar hace varios años atrás. Hoy día no tengo idea de dónde está o si aún está vivo. Probablemente esté en prisión.

Necesito ser honesto contigo. No supe cómo ayudar a Juan. Era un buen chico con un gran potencial y fe en Dios que, cuando comenzó a probar el alcohol, no sabía realmente qué era lo que lo golpeaba. En la actualidad, luego de años de estudio y alcoholismo en mi propios antecedentes familiares, y de ver llegar e irse a centenares de "Juanes", puedo ofrecer algunas soluciones sanas y positivas. Aun cuando tú no seas Juan, algo en este capítulo te ayudará quizás a tomar una decisión respecto al consumo del alcohol y las drogas.

El poder del alcohol y drogas

Juan no era una mala persona. No era estúpido ni rebelde. Juan era una gran persona con un extraordinario potencial que nunca comprendió el poder del alcohol y las drogas. Veamos los hechos. Debido a que el padre de Juan era un alcohólico, existía la doble posibilidad de que Juan tuviese una *predisposición* al alcoholismo y la drogadicción. Esto significa que si tú provienes de una familia en la cual existe el alcoholismo o la drogadicción, las posibilidades de que puedas tener el mismo problema son muchas. El alcoholismo es una enfermedad que, definitivamente, puede ser hereditaria. El alcoholismo no solamente le sucede a personas débiles o con una pobre autoestima. Esto es un mito. El alcoholismo y la drogadicción pueden golpear a cualquiera sin tener en cuenta edad, inteligencia o fe religiosa. Lo importante es que si tú tienes antecedentes de alcoholismo y drogadicción en su familia, no te arriesgues a experimentar.

Segundo, Juan tenía una *alta tolerancia* al alcohol. Era el tipo que podía beber toda la noche y no parecer que le hubiese hecho efecto como a los demás. Cuando las personas lo alababan por su capacidad de "aguantar la bebida", deberían haberlo prevenido de que aquellos con un alto nivel de tolerancia al alcohol fácilmente pueden convertirse en adictos. Las personas que después de un vaso de vino se duermen o se sienten mal, generalmente no se

> # Antecedentes familiares, alta tolerancia y ansias por el alcohol son signos seguros de un problema.

convierten en bebedores con problemas debido a su baja tolerancia. Lo que Juan no sabía era que su organismo era diferente. *Anhelaba* el alcohol, y su alta tolerancia solamente pospuso sus consiguientes problemas. Si tú has probado la bebida o las drogas y no te afectó mucho, entonces deberías considerar seriamente no beber o drogarte nunca más. La alta tolerancia es una señal de prevención. Puede significar que posees un organismo que puede fácilmente convertirse en *adicto* al alcohol o a las drogas.

Antecedentes familiares, alta tolerancia y ansias por el alcohol son signos seguros de un problema. Si yo hubiese podido ayudar a Juan a comprender estos síntomas al comienzo de su fase experimental, quizás nunca hubiese tenido que transitar por una vida de adicción.

En los últimos años he hablado a miles de estudiantes sobre las drogas y el alcohol. Las personas son amables, escuchan, se ríen un poco de mis chistes, formulan una o dos preguntas, pero me temo que la vasta mayoría se va con esta convicción en su mentes: "esto nunca me sucederá a mí". La verdad es que, aun si tú provienes de una familia cristiana estable, tienes una buena vida, con calificaciones por encima del promedio y una positiva imagen de ti mismo, no eres inmune a los problemas del alcohol y las drogas.

He aquí los hechos. En el momento en que te gradúes del colegio secundario, las probabilidades son:

- 88% de ustedes probará el alcohol;
- 57% probará una droga ilícita;
- 33% fumará marihuana ocasionalmente;
- 33% se emborrachará por lo menos una vez al mes;
- 25% fumará marihuana regularmente;
- 1 de cada 6 de ustedes probará la cocaína o el crack.

Tú no puedes suponer que nunca te sucederá a ti. Es absolutamente necesario adoptar decisiones apropiadas respecto a las drogas y la bebida a temprana edad, y luego permanecer en tus convicciones. Tú estás lidiando con algo mucho más poderoso y destructivo que lo que pensaban los expertos al principio. Mi amigo y autoridad nacional en el campo de la adicción al alcohol y a las drogas, Steve Arterburn, siempre le dice a los estudiantes: "lo que ustedes ven *no* es lo que obtienen." En la televisión vemos centenares de anuncios comerciales de cerveza con frases ingeniosas y rostros siempre felices. Pero en la actualidad hay quince millones de alcohólicos en Norteamérica solamente, y la mayoría comenzó con una inocente cerveza. Vemos anuncios de bebidas alcohólicas con personas que parecen tan unidas. Entonces... ¿por qué la proporción de suicidios es 58 veces más alta entre los alcohólicos que entre el resto de la población? Más del 50% de todos los accidentes fatales de automóviles son causados directamente por alguien que conduce bajo la influencia del alcohol. No creo que ninguna de las miles de familias que perdieron seres queridos en accidentes de tráfico el año pasado estarían de acuerdo con el lema de la cerveza que dice: "no hay nada mejor que esto". Lo que tú ves no es lo que obtienes.

Por qué los estudiantes se drogan y toman alcohol

Cuando cursaba el séptimo grado fui invitado a la fiesta del año con el grupo popular. En mi mente, lo había logrado. Mientras estaba allí, observé algunas personas escabulléndose hacia el patio delantero. Luego un grupo se marchó sigilosamente al patio trasero, yo seguí al grupo delantero. Andrew Pérez sacó una botella de tequila de entre unos arbustos y la pasó a su alrededor. Cuando me dieron la botella, no sabía qué hacer, no quería beber, pero quería ser aceptado por el grupo. Mi deseo de pertenecer al mismo rápidamente fue más fuerte que mi deseo de no beber. Tomé un largo y duro "trago" del tequila. Odié el sabor y el resto de la noche me sentí espantoso. Cuando regresé a casa, vomité.

Si no me gustaba el sabor y realmente no quería beber, ¿por qué proseguí y lo hice? Es fácil; es llamada *presión de los pares*. Yo deseaba tanto pertenecer que en el séptimo grado, con una imagen de mí mismo bastante pobre, hubiese hecho *casi cualquier cosa* para ser aceptado. Lo que entendí de esa noche fue que *si yo no bebía, ellos no me hubiesen querido*. Por ello me comprometí al costo de mis convicciones para ser parte del grupo. ¿No me hubiesen aceptado como parte del grupo si yo nunca me hubiese aventurado al patio delantero? Cuando miro retrospectivamente, dudo que esto importase realmente. Pero desde la perspectiva de un alumno del séptimo grado, seguramente que sí importaba.

La mayoría de los estudiantes comienzan bebiendo, fumando o drogándose debido a la *presión de los pares* o a la *curiosidad*. Desafortunadamente, demasiados quedan enganchados antes de que entiendan en toda su dimensión lo que les está pasando. Ellos no entienden que otros factores juegan en sus problemas potenciales . Algunos de estos otros factores son:

- *Predisposición biológica*. Es una gran palabra para describir lo que universalmente se reconoce como una predisposición genética (inherente a tus antecedentes familiares) a la dependencia química.
- *Actitudes de los padres*. Si tus padres beben o toman drogas regularmente, hay una probabilidad mucho mayor de que tú sigas sus pasos. Tengo sólo una cosa para decirte: *no lo hagas*.
- *Crisis de la vida*. Durante los momentos de tensión de la vida, muchos estudiantes se inclinan a la botella igual que los adultos. Es un engañoso manipulador de la tensión.
- *Depresión*. Lamentablemente, cuando los estudiantes se deprimen, muchos intentan liberarse de sus sentimientos depresivos con un ligero toque de alcohol o drogas. Por un corto tiempo es efectivo, pero la depresión no cede. De hecho, generalmente empeora.

¿Por qué los estudiantes toman alcohol y usan drogas? Luego de que hayas pasado vista a las razones anteriormente expuestas, puede resumirse de la siguiente manera. Los estudiantes toman alcohol y usan drogas porque:

1 .*Los hace sentirse bien*, y
2 .*Cada vez que lo prueban, funciona.*

Ninguno discrepa con el hecho de que los años de la adolescencia traen tensiones extras y, a veces, dolor. Algunos estudiantes aprenden que colocar una sustancia en sus organismos los hará sentirse mejor... por un tiempo. Ellos también aprenden que la mayoría del tiempo se puede confiar en las drogas y el alcohol para quitar el dolor. Pero, nuevamente, solamente es por un período de tiempo. Luego el problema aflora de nuevo.

¿Qué pasa cuando los adolescentes recurren al alcohol y las drogas?

Las personas recurren a las drogas y al alcohol para sentirse bien, pero no se dan cuenta de que ocurre algo muy importante cuando consumen drogas y alcohol para transformar sus penas. *Dejan de*

> ### Antecedentes familiares, alta tolerancia y ansias por el alcohol son signos seguros de un problema.

aprender cómo vencer la tensión. El uso de las drogas y el alcohol es un falso mecanismo para tratar con la tensión. Te hace sentir mejor temporalmente, pero no ayuda a solucionar los problemas a largo plazo. Te despiertas a la mañana siguiente con el mismo problema, a veces más intenso, y con la necesidad de decidir nuevamente cómo vencer la tensión.

Los estudiantes cambian por etapas. Ninguno se convierte en un alcohólico luego de una fiesta. Sin embargo, cuando un estudiante deja de aprender cómo vencer, él o ella pasarán por etapas muy naturales.

1 . Etapa de prueba: uso ocasional.
2 . Etapa social: uso más frecuente en fiestas y a niveles mayores.
3 . Preocupación diaria: tal vez el uso de drogas más fuertes y las primeras señales de dependencia aparecen con frecuencia.
4 . Adicción química: una preocupación que va creciendo. En esta etapa se produce una pérdida del control y las personas definitivamente violarán su sistema de valoración.

Me gusta la frase que está puesta en muchas paredes de los colegios de este país: "Abusar de las drogas es abusar de la vida". Para muchos el comienzo es muy inocente, pero el final nunca es feliz.

Las drogas de entrada

Cuando tomes tu decisión respecto al uso del alcohol y las drogas, es importante tener la mayor cantidad de información posible delante tuyo. Los diarios y los medios televisivos han sido absorbidos por las drogas más exóticas. Los reportajes referentes a los narcotraficantes en países extranjeros y las últimas drogas inventadas impactan a la opinión pública en la actualidad. Esto ocurre, lamentablemente, debido a que miles de adolescentes se convierten en adictos físicos y mentales de las "drogas de entrada". Estas drogas son la "puerta de entrada" para las drogas más fuertes.

La drogadicción sigue pasos consistentes:

1. Cerveza o vino
2. Licores fuertes y/o cigarrillos
3. Marihuana
4. Otras drogas ilícitas.

Básicamente, nadie llega al paso 4 sin haber pasado antes por los pasos 1, 2 y 3. Aquí hay algunos hechos muy interesantes respecto a las drogas de entrada.[1]

Tabaco.

Ochenta y cinco por ciento de aquellos que prueban los cigarrillos se convertirán en adictos a la nicotina, algunos después de fumar tan sólo cinco a diez cigarrillos. De estos jóvenes, 81% probará la marihuana, mientras que sólo 21% de los no fumadores lo hará.

Este es un ejemplo en el cual la fría y dura realidad habla por sí misma. De acuerdo con lo expresado por el antiguo jefe de drogas de la Casa Blanca, Dr. Robert L. Dupont, Jr. los jóvenes fumadores de entre doce a diecisiete años tienen:

- dos veces más la probabilidad de probar el alcohol;
- nueve veces más la probabilidad de ingerir sedantes y estimulantes;
- diez veces más la probabilidad de fumar marihuana, y catorce veces más la probabilidad de usar cocaína, alucinógenos y heroína.

El fumar mata a más de 52.000 norteamericanos cada año por enfermedades pulmonares crónicas. Otras 4000 vidas norteamericanas son segadas por los incendios causados por fumadores y se gastan más de 30 mil millones anualmente en problemas de tratamientos de salud relacionados con el fumar. No por que sea legal fumar tabaco significa que es una decisión inteligente. Me gusta lo que se enseña a los niños en el jardín de infantes: "Sé inteligente, no comiences".

Alcohol.

El alcohol es una droga peligrosa, a pesar de que nuestra sociedad tiende a separarla erróneamente de las otras drogas. Pero el alcohol es una droga, un sedante, y causa más muertes entre la gente joven que cualquier otra droga. Debido a que es legal y aceptada por la población en general, muchas personas ignoran que ataca el sistema nervioso y, luego de un período de tiempo, puede acortar la vida. Algunos padres actualmente se tranquilizan cuando descubren que sus hijos "solamente" beben y no fuman marihuana o ingieren pastillas. Aproximadamente quince millones de norteamericanos son adictos al alcohol, de acuerdo a informes de los organismos nacionales pertinentes. Los mismos organismos declaran que existen adicionalmente en el país, otros 4.6 millones bebedores con problemas. Más de 100.000 personas mueren cada año debido a los efectos del alcohol. Un alcohólico tiene una expectativa de vida de diez a doce años menos que un no alcohólico. Más del 83% de todas las muertes por incendio están relacionadas con el alcohol, y 50% de todos los accidentes en el hogar son causados por bebedores con problemas. El alcohol es un factor principal en 70% de todas las muertes por asfixia y 40% de todos los accidentes industriales. Más de 15.000 suicidios de adultos y 3000 suicidios de jóvenes son cometidos cada año por alcohólicos. Y el organismo NIDA estima en cuatro millones los adolescentes que son alcohólicos con problemas.

Marihuana.

El fumar marihuana generalmente se convierte en el trampolín para el uso de drogas más fuertes. Sesenta y siete pr ciento de los consumidores de marihuana escalan hacia otras drogas, mientras que 98% de aquellos adolescentes que *no* fuman marihuana *tampoco* usan otras drogas. Aquellos de nosotros que hemos cursado nuestros años de secundario en los años sesenta, escuchamos decir a Timothy Leary, y a otros héroes de las drogas, que la marihuana no era dañina. De hecho, decían que era menos peligrosa que el alcohol y no causaba adicción. Nuestra generación en general creyó que eso era cierto, y en ese tiempo no habían estudios sólidos que probasen lo contrario.

Sin embargo, todo esto cambió. Ante todo, la marihuana de la actualidad es hasta veinte veces más fuerte que las plantas cosechadas una década atrás. Por consiguiente, se ha podido comprobar que la marihuana no sólo posee más agentes causantes del cáncer que el tabaco, sino que también destruye las células cerebrales y afecta a la retención de la memoria a corto plazo.

El uso continuado de esta droga puede llevar a lo que se llama "síndrome de falta de motivación": letargo, reducción en la duración de la atención, grados variables de cambio de la personalidad y una falta de interés general por todo lo que no sea drogarse. La marihuana también disminuye la capacidad del organismo para protegerse a sí mismo de las enfermedades al reducir la función de división de los glóbulos blancos de la sangre, necesarios para repeler las enfermedades. Por este motivo, una persona que regularmente fuma marihuana tiene más probabilidades de enfermarse con frecuencia que lo normal. La marihuana no es la droga inofensiva de los psicodélicos años 60, sino una puerta de entrada traicionera al uso de drogas más fuertes.

Tomando una decisión

Tú posees básicamente tres opciones respecto al consumo de drogas y alcohol:

     1 .Bebe y drógate todo lo que quieras;
     2 .Bebe y drógate con moderación;
     3 .Elige no drogarte ni beber.

Si tú crees que puedes beber y drogarte todo lo que quieras, te estás metiendo en problemas. Es solamente cuestión de tiempo hasta que tengas que enfrentar graves problemas como nunca te hayas imaginado. Las buenas noticias para ti son que, cuando te estrelles (y sucederá), hay ayuda para ti. Las malas noticias son que esto puede llevar años, y el sufrimiento no sólo será el tuyo sino también afectará a todos los que te conocen y aman. Yo sugeriría la visita a una reunión de Alcohólicos Anónimos o a un centro de rehabilitación para drogadictos o alcohólicos y escuchar atentamente las historias que relatan. Tú podrías estar algún día en una de estas historias si continúas con tu filosofía de "haré lo que quiera respecto al alcohol y a las drogas".

Si eliges beber o drogarte con moderación, también tendrás que tomar algunas decisiones importantes. Todo uso de drogas es ilegal y beber debajo del límite de edad es contra la ley. Si eliges beber antes de la edad legal, estás infringiendo la ley. Los que son cristianos y desean beber con moderación deben estar seguros de que respetan las Escrituras como autoridad para sus vidas. La Biblia es muy clara respecto a que la embriaguez es un pecado:

> "Y manifiestas son las obras de la carne, que son: adulterio, fornicación, inmundicia, lascivia, idolatría, hechicerías, enemistades, pleitos, celos, iras, contiendas, disenciones, herejías, envidias, homicidios, *borracheras*, orgías, y cosas semejantes a estas; acerca de las cuales os amonesto como ya os lo he dicho antes, que los que practican tales cosas no heredarán el reino de Dios."

> Gálatas 5:19-21

> "No os embriaguéis con vino, en lo cual hay disolución; antes bien sed llenos del Espíritu."

> Efesios 5:18

Es imposible estar embriagado y controlado por el Espíritu de Dios al mismo tiempo.

Si una persona bebe aunque sea moderadamente, él o ella no deberían manejar. El beber y el conducir no se mezclan. Las personas que conducen bajo la influencia del alcohol son individuos egoístas y tontos que juegan con sus vidas y con las vidas de personas inocentes. Si tú provienes de una familia con problemas de alcoholismo o drogadicción, te pido seriamente que reconsideres tu elección de beber o drogarte con moderación. Las posibilidades de que desarolles un problema de alcoholismo o de drogadicción son demasiado grandes. Es lo mismo que decirle a alguien que sufre del corazón que no haga nada al respecto. Si tú tuviste previamente un problema de bebida, entonces beber con moderación no es una sana elección para ti. Desiste.

Por qué yo elegí no beber ni drogarme

Yo no pienso que es pecaminoso, para alguien con edad para hacerlo, tomar un vaso de vino o cerveza. En ninguna parte de la Biblia he leído que es malo beber alcohol, no obstante está muy claro que la embriaguez es contraria a la voluntad de Dios.

Yo elegí no beber ni drogarme. He aquí por qué. Yo no bebo debido a una disciplina y testimonio espiritual. Me temo que si uno de mis amigos íntimos o mi familia me viesen beber un inofensivo vaso de vino, podrían justificar su propio hábito abusivo. Pueden decir: "bueno, Jim bebe, por lo tanto debe estar bien", mientras ellos abusan de la bebida. Para mí no es una opción porque no beber es una disciplina espiritual y un compromiso que hice con Dios. Yo no creo que todo adulto deba seguir necesariamente mis directivas, pero creo que con la arremetida de mayor información respecto a las drogas y al alcohol, muchas personas necesitarán tomar la misma decisión que yo.

Mi esperanza es que tú elijas no beber ni drogarte. El viejo dicho: "el que juega con fuego se quema", es verdad en este aspecto también. Cuando eliges no beber ni drogarte, quedas fuera de todos los peligros del abuso de las drogas y del alcohol. Estoy seguro de que éste sería el mensaje que mi especial amigo Juan G. te diría... si pudiese encontrarlo.

⓭

El abuso sexual

Desearía que tú hubieses estado conmigo hoy durante el almuerzo. Estuve sentado con uno de los más destacados hombres de nuestra comunidad. Es rico, increíblemente buen mozo y su sentido del humor es uno de las mas divertidos que jamás conocí. Debo ser sincero contigo, a veces juego con él al juego de las comparaciones, y siempre pierdo.

Este día fue diferente. Me contó de su niñez y, con lágrimas en los ojos, me compartió una de las peores historias de abuso sexual que jamás haya escuchado. Él siempre aparentó ser tan sólido mientras que en su interior se caía a pedazos en todo aspecto, debido a que había sido víctima de uno de los más crueles crímenes posibles. Su abuelo, a quien amaba y en quien confiaba, lo había molestado sexualmente año tras año desde los once años hasta los dieciséis. Mi amigo nunca se lo había contado a nadie, ni siquiera a su esposa. Había enterrado su dolor y su profunda pena. Ahora que estaba luchando a brazo partido con su pasado, estaba más consciente que nunca de que había estado conviviendo con un tema importante, el cual le estaba causando más torturas agonizantes que las que nunca se hubiese podido imaginar.

Este es un capítulo muy serio. No hay nada divertido en relación con el abuso sexual. A nadie le gusta realmente traerlo a la superficie. A nadie le gusta hablar de ello y a nadie realmente le gusta oir de ello. Sin ambargo, los hechos fríos, duros, aterradores nos dicen que el abuso sexual es un problema importante en la vida de millones de personas que desearían que se fuera para siempre.

Una de cada cuatro mujeres jóvenes habrá sido abusada sexualmente para cuando tenga la edad de dieciocho años.

Uno de cada ocho hombres jóvenes habrá sido abusado sexualmente para cuando tenga la edad de trece años.

Estas estadísticas son conservadoras si se las compara con los últimos estudios que nos dicen que la cosa podría ser aun peor.

El abuso sexual es real y está en todas partes

Si tú has sido víctima del abuso sexual, entonces éste puede ser el primer capítulo del tema que leas. Cada asunto de tu vida está ensombrecido por el hecho de que algo muy horrible te ha pasado. Si nunca fuiste abusado sexualmente, entonces son muchas las posibilidades de que alguien cercano a ti conozca demasiado bien el trauma del abuso sexual.

Por mi experiencia en consejería, yo sabía que el abuso sexual era un problema. Pero no tenía absolutamente idea de cuán difundido estaba este trauma hasta que comencé a hablar del tema. Dondequiera que vaya, en el momento en que este tema es mencionado, me encuentro con personas que incuestionablemente están afectadas por su experiencia y quieren hablar de ello.

Permíteme presentarte a algunas personas muy especiales que estuvieron en mi grupo de jóvenes. Parecían y actuaban como cualquier otra persona, pero en su interior guardaban un secreto que los estaba haciendo pedazos. Todos los nombres y algunas de las situaciones han sido modificadas por razones obvias de confidencialidad, pero estas historias son reales.

Blanca era niñera en la casa de su ex-novio Tito. Ella era muy amiga de su pequeña hermana y de su familia, aun cuando ella y Tito habían cortado sus relaciones. El padrastro de Tito siempre había sido muy amable con Blanca. De hecho, ella frecuentemente deseaba haber tenido un padre tan especial como el padrastro de Tito.

La familia de Tito había salido a cenar y a ver un juego mientras Blanca cuidaba de la niña más pequeña. Teodoro, el padrastro de Tito, se había quedado en casa, pero iba a trabajar en el cuarto trasero.

En el momento en que Blanca acostó a la pequeña niña, Teodoro entró a la cocina y le preguntó a Blanca si deseaba un poco de maíz tostado. A ella le encantaba el maíz tostado y dijo: "Gracias. Eso va a ser algo bueno para acompañar el programa que estoy mirando por la televisión".

Teodoro preparó el maíz tostado y luego se sentó en el sofá cerca de Blanca y comenzó a mirar el programa con ella. Blanca se quejó de un dolor de espalda que había contraído jugando al *softball*. Entonces, el padrastro de Tito comenzó a frotarle la espalda. Al principio la frotó por encima del suéter, pero luego de un rato pasó sus manos por debajo del suéter.

Blanca se quedó helada. No sabía qué hacer. No sabía si este hombre tan amable iba a ir más lejos o solamente le estaba haciendo un inocente favor. Blanca estaba tensa y nerviosa. Con suave voz, el padrastro de Tito le pidió que se relajase, sería mejor para su dolor de espalda. Finalmente, Teodoro comenzó a acariciarle sus pechos.

Sóno el teléfono. Blanca estaba agradecida por la interrupción. El padrastro de Tito se levantó de mala gana para atender el teléfono. Blanca había sido abusada sexualmente.

Cuando Mónica tenía nueve años de edad, su hermano mayor la vejó. Fue una terrible y traumática experiencia que no le contó a nadie porque su hermano de catorce años la amenazó con matarla si lo contaba. El siguiente mes su hermano la violó. Por los próximos dos años y medio él tuvo relaciones sexuales con ella, siempre prometiendo matarla si se lo contaba a alguien.

Mónica nunca se lo contó a alma alguna. Su hermano era una persona violenta y ella temía por su vida. Se aisló. Reprobaba la mayoría de sus clases y probó drogas que le dio su hermano. Finalmente, su hermano fue arrestado por robo a mano armada y Mónica quedó libre del horror de más experiencias traumáticas.

Un conocido de Mónica la invitó a un fin de semana en un campamento cristiano. Allí, por primera vez en su vida, oyó hablar del amor incondicional de Dios para ella a través de Jesucristo. Quería convertirse en cristiana pero las obsesionantes experiencias de su pasado la apartaban de llegar a Cristo. Luego de regresar del campamento hizo una cita con un pastor de jóvenes y le contó su historia. Mónica había sido abusada sexualmente.

Esteban tenía siete años cuando una niñera lo molestó sexualmente. Juanita, a la edad de nueve años, recuerda a sus padres peleando terriblemente una noche. Esa noche, por primera vez, su padre se deslizó en su pieza y tuvo relaciones sexuales con ella. Este modelo siguió por los próximos siete años.

El tío favorito de Pablo lo llevó a un paseo especial por el campo y lo dejó confuso al decirle que todos los tíos "hacían eso" con sus sobrinos favoritos.

Los muchachos mayores del vecindario abusaron sexualmente de Carolina. Cuando se lo contó a sus padres, su madre no le creyó y su padre se rió.

Todas estas personas habían sido abusadas sexualmente.

Estas historias podrían seguir y seguir. Solamente hace unos pocos meses atrás, escuché horribles historias de un cuñado que filmó un video de una muchacha dándose una ducha, hombres viejos haciendo ostentación delante de niños inocentes, una violación durante una cita, compartir fotografías pornográficas e historias que no podría escribir. Es real y está en todas partes.

Buenas nuevas para las víctimas del abuso

Lamentablemente, la mayoría de las personas abusadas sexualmente de una u otra manera, guardan su dolor y experiencia dentro de sí mismas. Tratan de olvidarlo, o simplemente desean que desaparezca. Bueno, no desaparece *nunca*. Yo iría tan lejos como para afirmar que sin ayuda, la persona que ha sido abusada sexualmente nunca podrá tener una sana autoestima o una vida libre de su obsesionante pasado.

> Siempre es culpa del abusador. Lamentablemente, la mayoría de las víctimas se culpan a sí mismas por su trauma.

Sin embargo, hay buenas noticias para los que luchan en este área. Miles de personas abusadas sexualmente que buscaron asistencia, han sido ayudadas. Si tú eres víctima del abuso sexual, u otra clase de abuso, no estás solo. A tu alrededor hay personas que sufren por los mismos temas. Probablemente están luchando con su dolor en una forma similar.

Aquí hay cuatro puntos que todo aquel que ha sido abusado sexualmente debe escuchar:

1. No es tu culpa.
2. Busca ayuda, no sufras en silencio.
3. Hay esperanza.
4. A Dios le importa, realmente le importa.

No es tu culpa

Siempre es culpa del abusador. Lamentablemente, la mayoría de las víctimas se culpan a sí mismas por su trauma. Es hora de poner la culpa en el lugar apropiado. Si alguien te asalta y te roba tu dinero, o si fuiste inocentemente atropellado por un conductor embriagado, ¿te culparías a ti mismo?

Cuando tú fuiste abusado sexualmente de cualquier forma, te has transformado en víctima de un crimen horrible. El que abusó de ti es un enfermo. Si tú te culpas a ti mismo, tú también te enfermarás. *No es tu culpa*.

Busca ayuda; no sufras en silencio

Quizás el primer paso hacia la recuperación que puede dar una víctima es pedir ayuda. A veces es avergonzante, otras veces no deseas revelar un profundo y oscuro secreto familiar, pero la verdad es que nadie se mejorará si él o ella no buscan ayuda. Las miles de personas que eligen sufrir en silencio, están eligiendo empeorar y no mejorar. Cuando una persona ha sido abusada, él o ella también se convertirán en enfermos. Tú no puedes quitarte el dolor con sólo desearlo. No eres el único que ha experimentado este trauma. Tú *puedes* recibir ayuda de un consejero calificado.

Gilda confesó a su pastor de jóvenes que seis meses antes había concurrido a una fiesta y allí un muchacho mayor la forzó a tener relaciones sexuales con él. Gilda dijo que se sentía "barata y usada". Temía contarle a alguien y estaba aun más asustada de que si lo contaba, llegaría a oídos del muchacho que la había abusado.

Su pastor de jóvenes hizo lo que la ley requería de él y denunció la violación. Cuando esta historia fue revelada, por lo menos quince muchachas más habían sido profanadas por este mismo muchacho. Gilda recibió excelente apoyo de un consejero que le dio ayuda. Ella trató apropiadamente el tema de haber sido violada. Los progresos de Gilda fueron marcadamente rápidos. Cuanto más hubiese esperado en buscar ayuda, tanto más hubiese demorado en poder romper con su modelo de conducta autodestructiva. No importa si la persona que abusó de ella nunca cambió; ella necesitaba buscar ayuda para prevenirse a sí misma de vivir para siempre en un estado de desorden. Por favor, no sufras solo.

Yo insto a las personas que han sido abusadas sexualmente a no esperar un sólo día más y buscar ayuda inmediatamente. Si tú fuiste abusado sexualmente y nunca buscaste ayuda, entonces estás leyendo este capítulo por una razón. ¿Puedo ir tan lejos como para afirmar que yo creo que Dios quiere que busques ayuda? Te desafío a que no esperes otro día para hablar con alguien. La cosa sólo se pondrá peor. No mejorará.

¡Hay esperanza!

Si tú eres una persona que ha sido herida, y herida profundamente, entonces te será difícil ver que la vida puede ser diferente alguna vez. Aquí es donde no debes depender de tus sentimientos sino del hecho de que miles antes de ti han recibido ayuda cuando se dieron cuenta de que no era su culpa y buscaron ayuda.

Cuando Sandra tenía catorce años, su padrastro la abusó de todas formas. Sandra no se lo contó a nadie y actuó como si nada hubiese pasado. En vez de sufrir su rendimiento escolar, fue en aumento. Créeme, se puso una buena máscara. Más tarde me contó que odiaba a todos los muchachos. En su mente, su padre la había abandonado cuando tenía ocho años y ahora su padrastro, que había sido un buen hombre, la asaltaba sexualmente. Nadie sabía de su honda pena interior hasta que un día su pena fue tan honda que Sandra perdió toda esperanza. Tomó un frasco de las pastillas para dormir de su madre y se acurrucó para morir. Cuando volvió en sí, estaba en el hospital. Ella oraba por morirse.

Un muy buen psiquiatra le preguntó si iba a tener el deseo de contarle por qué le dolía tanto que deseaba morirse. Le preguntó con quién deseaba hablar. Ella dijo: "con Jim Burns, mi pastor de jóvenes". Sandra y yo pasamos varias horas juntos mientras ella reveló su historia. Juntos buscamos ayuda. El padrastro de Sandra era un hombre muy enfermo. Informamos de esta tragedia primero al psiquiatra y luego al asistente social, quien habló con la madre y con el padrastro.

Sandra pasó por una intensa consejería cristiana, la cual le ayudó a poner su vida en orden. Ahora ella podía ver que había sido víctima de un hombre muy enfermo. El proceso de consejería le dio una razón para vivir y una esperanza de que la vida podía ser diferente. En la actualidad, ya no se culpa a sí misma. Aún siente un dejo de dolor cuando piensa en lo que experimentó, pero aprendió que puede seguir adelante. Hoy, Sandra no solamente tiene dos hijos preciosos sino que ella y su marido tienen un campamento para chicos golpeados y abusados. Ella se aferró de la esperanza y yo estoy seguro de que si tú estuvieses sentado cerca de ella, te diría que valió la pena.

A Dios le importa, realmente le importa

Con franqueza, la mayoría de las personas que han pasado por cualquier tipo de abuso sexual luchan con su relación con Dios. Puedo entender la dificultad que ellas tienen para comprender el amor incondicional y sacrificado de Dios en Jesucristo. Sin embargo, temo que demasiadas personas gastan su energía culpando a Dios en lugar de sentirse consoladas por Él. Dios desea transitar contigo por el valle del dolor y las desiluciones.

El Nuevo Testamento nos relata cómo Jesús oyó de la muerte de su amigo Lázaro. Cuando Él vio a la familia afligiéndose, la Biblia dice que: "Jesús lloró". Jesús llora por ti cuando has sido herido. Jesús sabe mucho respecto al sufrimiento. Después de todo, Él sufrió y murió en una cruz por tus pecados y los míos. Honestamente, creo que Jesucristo hubiese sufrido en la cruz aunque hubieses sido tú la única persona que lo necesitaba. El apóstol Pablo lo describe de esta manera:

> "Mas Dios muestra su amor para con nosotros, en que siendo aún pecadores, Cristo murió por nosotros."
>
> Romanos 5:8

Elige la salud y la integridad y recuerda, Dios camina contigo a través de tus más oscuros momentos.

Si Dios te ama lo suficiente como para permitir que Su único hijo Jesús muriera por ti, entonces creo que a Él le importa profundamente de ti y de tu dolor. He visto vidas trágicas restauradas y autoestimas levantadas hasta su plenitud debido a que las personas permitieron que Dios reconstruyese su pasado y llenase de esperanza su futuro. Algunas personas necesitan comprender que sus circunstancias pueden no cambiar nunca, pero sus actitudes sí, y eso hace toda la diferencia en el mundo.

Yo amo estos pensamientos de un autor anónimo, simplemente titulados *Huellas*.

> Una noche un hombre tuvo un sueño. Soñó que paseaba por la playa con el Señor. Por el cielo relampagueaban escenas de su vida. Por cada escena, veía dos pares de pisadas en la arena, un par le pertenecía a él y el otro al Señor.
>
> Cuando la última escena de su vida relampagueó ante él, miró hacia atrás a las pisadas en la arena. Se dio cuenta de que en varias ocasiones durante el transcurso de su vida, había sólo un par de pisadas. También se dio cuenta de que eso sucedía en los peores y más tristes momentos de su vida.
>
> Esto realmente le molestó y le preguntó al Señor sobre ello: "Señor, Tú dijiste que una vez que yo hubiera decidido seguirte, Tú ibas a caminar conmigo todo el camino. Pero me he dado cuenta de que en los momentos más problemáticos de mi vida, sólo hay un par de pisadas. No puedo entender que cuando yo te necesitaba más, Tú me abandonabas."
>
> El Señor le contestó: "Mi amado, amado hijo. Yo te amo y nunca te abandonaría. Durante tus momentos de prueba y sufrimiento, cuando veías un sólo par de pisadas era porque yo te estaba cargando en mis brazos."

Si tú has sido abusado sexualmente en tu vida, entonces la batalla se encuentra ahora en tus manos. Las elecciones son tuyas. Tú *puedes* sobreponerte a tu dolor. La decisión hacia la plenitud no siempre es fácil, pero siempre es la mejor. La pregunta que te dejo a ti es, ¿quién quieres ser y adónde quieres estar dentro de diez años? Las decisiones que tomes hoy te afectarán por el resto de tu vida. Elige la salud y la integridad y recuerda, Dios camina contigo a través de tus más oscuros momentos.

¿Qué es abuso sexual?

La siguiente información sobre el abuso sexual es algo que yo doy cuando hablo con estudiantes respecto a este importante y horrible tema:[1]

Nadie tiene el derecho de tocar tu cuerpo sin tu permiso, pese a lo mucho que te ame, pese al dinero invertido en ti o pese a cualquier otra razón.

En cualquier momento que un toque te haga sentir molesto, tienes el derecho de decir que no. Tú nunca le *debes* a otra persona el derecho de que te toque. *Confía en tus sentimientos internos.* Empujar, manipular, presionar, explotar o abusar de otra persona nunca es aceptable en ninguna relación.

Si alguien te toca de una manera que no te agrada, dile que se detenga y se aleje, y luego habla de ello con algún adulto en quien confíes. Si un adulto o un adolescente mayor te ha tocado en el pasado, *no es tu culpa. Siempre* es responsabilidad del adulto.

Es *muy importante* que recibas consejería por abuso sexual *ahora*, para prevenir problemas cuando seas mayor. Si nunca has hablado con un consejero, busca ayuda inmediatamente.

Ocurre un asalto sexual cuando un hombre o una mujer son engañados, forzados, seducidos, intimidados, manipulados a cooperar o forzados a no ofrecer ninguna resistencia a una actividad sexual con otra persona.

El abuso sexual puede ser definido como:

- Mostrar a niños material pornográfico
- Tomar fotografías de desnudos
- Un adulto exhibiéndose ante un niño o pidiéndole que se exhiba él mismo
- Acariciar zonas privadas del cuerpo
- Besos íntimos
- Contacto genital
- Relación sexual
- Violación

El asalto sexual incluye el incesto, la vejación, la violación y la "violación durante la cita". *El incesto* es la actividad sexual entre familiares. Generalmente es iniciado por el padre/padrastro, abuelo, tío, primo, hermano. Ocasionalmente es iniciado por la madre, abuela o tía.

Vejación es la actividad sexual con alguien fuera del ámbito familiar. Ochenta por ciento de las vejaciones son efectuadas por alguien que la víctima conoce y en quien confía: un amigo de la familia, el novio de la madre, el vecino, el maestro, el entrenador, el médico/dentista, el pastor/sacerdote, su líder, el consejero del campamento, la niñera. Solamente 20% de las vejaciones son perpetradas por extraños.

La violación es la penetración forzada (por el pene o cualquier objeto) de la vagina, boca o ano en contra de la voluntad de la víctima.

La violación por conocidos o violación durante la cita es la violación efectuada por alguien que conoces o con quien te citas. Los violadores durante las citas usan sólo la fuerza necesaria para lograr la sumisión. El hombre puede usar su fuerza física para obligar a la relación, tomando ventaja de una situación usando la fuerza, la presión, el fraude, el engaño o la vulnerabilidad del adolescente. El violador en las citas no es un tipo raro, fácilmente identificable. Es igual que cualquier otra persona, sólo que utiliza la fuerza para lograr sus propósitos.

Aproximadamente 75% de las violaciones a adolescentes son efectuadas por conocidos o "violadores durante las citas".

Qué hacer si tú eres víctima de una violación:

1. Ve a un lugar seguro.
2. No te bañes, duches o cambies de ropa.
3. Llama a un teléfono de emergencia de ayuda en crisis de violaciones.
4. Vé a la sala de emergencia del hospital

Consigue que un amigo o miembro de tu familia vaya contigo a la sala de emergencia del hospital (de ser posible, lleva una muda de ropa):

- Para conservar la evidencia (muy importante si decides denunciar el hecho), denunciar el crimen a la policía es una decisión que solamente tú puedes hacer;
- Para determinar las lesiones;
- Para el control de enfermedades venéreas y embarazo.

Razones para denunciarlo:

Hacer una denuncia en la policía te beneficiará directamente. Denunciar la agresión es una forma de recobrar tu sentido de poder y control personales, denunciarlo te permite efectuar algo concreto respecto al crimen cometido en contra tuyo, denunciarlo te asegura que recibirás la más inmediata y completa ayuda disponible.

Efectuar una denuncia policial ayudará a prevenir que otras personas sean violadas. Denunciar y procesar al agresor es esencial para la prevención de las violaciones. La mayoría de los violadores son delincuentes reincidentes. Si la violación no es denunciada, el agresor no puede ser capturado.

Palabras finales

Hace poco más de dos años, nuestra pequeña hija Heidi Michelle nació con una importante complicación del corazón. En el transcurso de su primera semana de vida, tuvo dos operaciones muy serias. Después de su primera operación, Heidi, con sus cinco días de vida, fue puesta en una ambulancia aérea Lear y voló 4800 kilómetros hasta Boston, Massachusetts para que le efectuaran la segunda operación de emergencia. No hace falta mencionar que la vida de su madre y la mía eran muy, muy difíciles.

Durante esos días de prueba sentimos dolor, preocupación, cansancio, dudas y, sin embargo, fuimos saturados por el amor y el apoyo de nuestra iglesia, familia y amigos. Decir que esos momentos estuvieron llenos de incidentes es subestimarlos. Recibimos centenares de cartas y expresiones de afecto. Pero el mejor ejemplo de consuelo provino de un buen amigo mío sólo algunas semanas después que volamos de regreso con Heidi desde Boston a nuestro hogar en Dana Point, California.

Toby y yo nos encontramos para almorzar. Cuando me vio, me extendió la mano, y mirándome directamente a los ojos me dijo estas palabras de consuelo: "Burnsie, nadie dijo que iba a ser fácil". Durante todo el almuerzo las palabras de Toby repiquetearon en mis oídos. *Nadie dijo que iba a ser fácil.* Toby no sólo estaba en lo correcto respecto a nuestra situación, también estaba en lo correcto respecto a la vida. Demasiados de nosotros tenemos la creencia de que la vida debería estar libre de dolor y de luchas. Pero la vida no siempre es justa. Nadie, ni siquiera Dios, nos promete una vida exenta de dificultades.

La mayoría de los cristianos tienden al síndrome del lo. Tan pronto como *lo* consiga, seré feliz. Cometemos el error de creer siempre que el pasto es más verde del otro lado de la cerca. Lamentablemente, no hay una respuesta mágica, mística, para sobrevivir a la adolescencia. Los tiempos duros llegan a las vidas de cada uno de nosotros. Este libro es más bien sobre *cómo* lidiar con los tiempos duros que *si* lidiarás con ellos. La forma cómo te prepares para afrontar los tiempos difíciles hace toda la diferencia en el mundo. *Vive tu vida con propósito* .

Vive tu vida con propósito

Hoy, Dios nos ha dado a cada uno de nosotros veinticuatro horas para vivir la vida plenamente. Estos son 1440 minutos u 86.400 segundos. Tú puedes vivir tu vida con propósito, viviendo un día a la vez. Jesús dijo: "Vive un día por vez".Tú puedes acometer la mayoría de tus problemas cada día a su tiempo. Puede ser que sea tiempo de tomarse treinta segundos de los 86.400 que tienes y decirle a alguien que lo amas. O tomarte cinco minutos y escribirle una linda carta a un amigo. ¿Y qué tal respecto a veinte minutos diarios para hablar con Dios? Tú puedes efectuar grandes tareas un día por vez.

Conocí a Elaine mientras estaba en el colegio de graduados de Princeton, en New Jersey en 1975. La vida era dura para ella. Estaba confinada a una silla de ruedas y era muy pobre. Nunca tuvo novio. Sinceramente, ella era muy hogareña. La parálisis cerebral con la cual convivía diariamente le había distorsionado su rostro y su voz.

Pero Elaine Robertson es la mujer más radiante que jamás haya conocido. Si bien murió recientemente, nunca conocí una persona que amase a Jesús y a las personas con tanta pasión. Pocos años atrás me tropecé con ella en una conferencia en New Jersey. La saqué a almorzar a su lugar favorito en Princeton en compañía de algunos de mis amigos. En el camino de regreso del almuerzo, pasee a esta maravillosa mujer por el campo de la universisdad de Princeton. Cuando la empujaba en su silla de ruedas, me incliné sobre ella y le dije: "Elaine, la vida ha sido dura para usted, ¿verdad? ¿Cómo lo hace tan hermosamente?" Ella dijo: "Jim, detenga la silla de ruedas. Quiero cantarle a usted y a sus amigos una canción." En su no tan agradable voz ella cantó estas palabras:

> Jesús, te amo,
> te di mi corazón.
> Yo vivo para Ti diariamente,
> cada día un nuevo comienzo.

Cantó estas simples palabras una y otra vez. Miré a mis amigos a través de las lágrimas de mis ojos y cada uno de nosotros tuvo el mismo pensamiento: *Esa es la respuesta. Es tan simple para este mundo complicado que frecuentemente no la vemos. Vive tu vida con propósito. La vida es demasiado corta, el camino es demasiado corto, para inclinarse por la mediocridad.*

Notas al pie

Capítulo 1. Aprendiendo a quererte a ti mismo

1. La idea de este diagrama fue tomada de uno similar de un excelente manual de trabajo de Bill Jones, *Self Image: How to Like Yourself* (San Bernardino: Here's Life Publishers, Inc., 1988), 19.

Capítulo 2. Vé por ello: tomando buenas decisiones

1. *The Student Bible* (Grand Rapids: Zondervan, 1986), 967.

Capítulo 3. Desarrollando una imagen positiva de sí mismo

1. James Dobson, *Preparing for Adolescence* (Ventura, California: Regal Books, 1978), 27.
2. Ibid.
3. Niños que crecieron en un entorno lleno de desdén, apodos negativos y críticas, frecuentemente se transforman en adultos críticos con una autoestima por debajo de la adecuada.
4. Bill Bright, *Revolution Now!* (Arrowhead Springs, California: Campus Crusade for Christ, 1969,. 44-45.
5. Tim Hansel, *Holy Sweat* (Waco, Texas: Word, Inc., 1987), 136.
6. Jim Burns, *Putting God First* (Eugene, Oregon: Harvest House Publishers, 1982).

Capítulo 4. La presión de los pares y la autoestima

1. Calzoncillos: un tipo de ropa interior. Otro nombre: Shorts.

Capítulo 6. Buenas noticias para personas imperfectas

1. David A. Seamands, *Healing for Damaged Emotions* (Wheaton, Illinois: Victor Books, 1981), 22.

Capítulo 7. Los amigos y la autoestima

1. Un camaleón es un lagarto viscoso que cambia sus matices al color que en ese momento tenga más cerca.

Capítulo 8. El sexo

1. Como libro para adolescentes abarcativo y completo respecto al tema del amor, el sexo y las citas, puede leer el libro ganador del Premio de Medalla de Oro: Jim Burns, *Handling Your Hormones: The Straight Scoop on Love, Sex & Dating* (Eugene, Oregon: Harvest House Publishers, 1986).
2. Josh McDowell, *Why Wait?* (San Bernardino: Heres Life Publishers, 1987).
3. *Teenage pregnacy: The Problem That Hasnt Gone Away* (Alan Guttmacher Institute, 1981), 7.
4. Robert Coles y Jeffrey Strokes, *Sex and the American Teenager* (Table 18), 73.
5. Revista *Time* , 9 de diciembre, 1985.
6. *Why Wait?*

Capítulo 11. Basura que entra/basura que sale

1. Jim Burns, *Growth Unlimited* (Eugene, Oregon: Harvest House Publishers, 1987). Capítulo 12. Tomando sabias decisiones.
1. Steve Arterburn y Jim Burns, *Drug Proof Your Kids* (Pomona, California: Focus on the Family, 1989).

Capítulo 13. El abuso sexual

1. Jim Burns, *The Youth Builder* (Eugene, Oregon: Harvest House Publishers, 1988), 276-279.

Guía de estudios

Lee por lo menos una vez cada capítulo antes de trabajar
con esta guía de estudios. Léelo nuevamente luego
que hayas respondido a estas preguntas.

Capítulo 1
Aprendiendo a quererte a ti mismo

El concepto importante:

Tu respuesta a lo que Dios ya ha realizado para ti, hará la diferencia para aprender a quererte a ti mismo.

Temas para iniciar debates:

1. ¿Por qué crees que las personas luchan con el hecho de no quererse a sí mismas?
2. Si pudieses nombrar tres áreas de tu vida que afectan tu autoestima (ya sea en forma positiva o negativa), ¿cuáles serían?
3. Jesús dijo: "Mas buscad primeramente el reino de Dios y su justicia, y todas estas cosas os serán añadidas" (Mateo 6.33). ¿Qué crees que Él quiere decir con esta declaración?
4. ¿Cómo el hecho de poner a Dios primero en tu vida te ayudará a tener una mejor autoestima?
5. Si pudieses hacer cualquier cosa con tu vida, ¿cuáles serían tus grandes sueños si supieses que no podrías fracasar?

Experiencia especial:

Escribe en un pedazo de papel veinticinco razones por las cuales te tendrías que querer a ti mismo. Aun cuando frecuentemente es más fácil enumerar las razones negativas, esta experiencia puede ser un poderoso recordatorio de la bondad de Dios en tu vida.

Textos bíblicos afines:

Filipenses 4:13   Filipenses 1:6
Mateo 6:25-34   Salmo 25:4-11

Capítulo 2

Ve por ello: tomando buenas decisiones

El concepto importante:

Las decisiones que adoptes hoy, jugarán un importante papel en quién te convertirás en el futuro.

Temas para iniciar debates:

1. Enumera tres decisiones que podrías hacer y que serían de gran ayuda en tu futura felicidad.
2. ¿Qué áreas de tu vida a veces te apartan de hacer buenas decisiones?
3. Jesús dijo: "y conoceréis la verdad y la verdad os hará libres" (Juan 8:32). ¿De qué manera está relacionada esta declaración de Jesús contigo personalmente?
4. ¿Cuál de las ilustraciones de este capítulo se relaciona contigo y por qué? (Laconia, sanidad en la fuente de Bethesda, Abraham Lincoln, águila/pollo de pradera.)
5. ¿Quién de entre tus conocidos tiene una personalidad de "ir por ello"? ¿Qué puedes aprender de ellos?

Experiencia especial:

Entrevista a alguien a quien respetes mucho y pregúntale respecto a las decisiones que tomó cuando tenía tu edad y que le hayan ayudado a alcanzar su más alto potencial.

Textos bíblicos afines:

Proverbios 3:5,6	Colosenses 3:1-4
Mateo 7:13-14	Romanos 12:1,2

Capítulo 3

Desarrollando una autoimagen positiva

El concepto importante:

Una pobre imagen de ti mismo puede afectar todas tus relaciones primarias (Dios, otros, tú mismo). Desarrollar una imagen positiva de ti mismo refuerza todas las áreas de tu vida y tu fe en Dios.

Temas para iniciar debates:

1. ¿Con cuál de las tres áreas de tu vida (mencionadas en este capítulo) tienes tú más luchas: *belleza, cerebro o dinero*?
2. ¿Qué tipo de presiones de la sociedad sientes tú que te impiden desarrollar una autoimagen positiva?
3. "Porque somos hechura de Dios, creados en Cristo Jesús para buenas obras, las cuales Dios preparó de antemano para que anduviésemos en ellas" (Efesios 2.10) ¿En qué se relaciona este versículo con el desarrollo de una autoimagen positiva?
4. ¿Cuáles son las cuatro metas que te puedes imponer para producir una autoimagen más sana en tu vida?
5. Lee el poema *YO SOY* al final de este capítulo. ¿Cuál es el mensaje de esperanza que se encuentra en este poema?

Experiencia especial:

Los valores de Dios son diferentes a los del mundo. Algunos de los valores de Dios son totalmente diferentes a los del mundo. En un pedazo de papel aparte, haz una lista de los valores de Dios y luego confecciona una lista con los valores del mundo. Luego contesta esta pregunta: ¿En qué forma afectan cada uno de estos valores mi autoimagen?

Textos bíblicos afines:

Salmo 139:13-18	Mateo 22:34-40
1 Tesalonisenses 5:11	Romanos 5:8

Capítulo 4

La presión de los pares y la autoestima

El concepto importante:

La presión de los pares es una de las influencias más dominantes en nuestras vidas. Tú eres especial a los ojos de Dios y con Su ayuda puedes vencer en la batalla sobre la presión de los pares.

Temas para iniciar debates:

1. ¿Por qué la presión de los pares es un factor tan predominante para ti y tus amigos?
2. ¿ Por qué es tan difícil decir "no" cuando somos confrontados con algo que verdaderamente no queremos hacer en primer lugar?
3. Lee Romanos 7.15-25. ¿Puedes identificarte con Pablo? ¿En qué áreas de tu vida encuentras tu lucha más dura?
4. ¿Cómo puedes atreverte a ser diferente sin ser raro?
5. ¿Tus amigos te influencian en una forma mayormente positiva o negativa?

Experiencias especiales:

Confecciona una lista con todas las áreas de tu vida en las cuales sientes la presión de tus pares o tienes la posibilidad de caer en dicha presión. Ahora, con la ayuda de un miembro de la familia, un pastor de jóvenes o un amigo cristiano, busca una cita bíblica que te ayude a mantenerte firme en cada tentación.

Textos bíblicos afines:

Mateo 7:24-27   Santiago 1:2-8
1 Corintios 10:13   Santiago 4:7,8

Capítulo 5

Manejando tus emociones: ¿soy normal?

El concepto importante:

Tú puedes prepararte a ti mismo para las tormentas emocionales de la vida que a cualquiera le ocurren.

Temas para iniciar debates:

1. ¿Con qué emociones luchas tú más en la vida?
2. ¿Estás de acuerdo o en desacuerdo con esta declaración: "la vida es difícil"?¿Por qué o por qué no?
3. Lee Mateo 7.24-27. ¿Qué puedes hacer para construir un mejor fundamento para cuando lleguen las tormentas de la vida?
4. Vuelve a mirar los cinco principios detallados en este capítulo para que tu vida no se desmorone bajo la presión. ¿Cuál de estos principios es el más importante en tu vida en este momento?
5. ¿Qué *pasos* específicos puedes adoptar esta semana para manejar mejor tus emociones?

Experiencia especial:

Evaluación de preocupaciones: Extrae de esta lista las cinco cosas que más te preocupan. Ponlas por orden de prioridad y pasa un tiempo en oración exponiéndolas ante Dios.

Trabajo	atletismo	los grados escolares
carro	hermana/hermano	los padres
relación con Dios	actividades sociales	la vestimenta
citas	sexo	los amigos
tareas escolares	Lucir bien para los demás	

1. ¿Qué puedes hacer para disminuir estas preocupaciones?
2. ¿Por qué crees que nos preocupamos aun cuando no queremos hacerlo?
3. ¿Tienes la tendencia de aumentar tus preocupaciones desproporcionadamente?

Textos bíblicos afines:

Filipenses 4:6,7	Salmo 23
Hebreos 13:5	1 Pedro 5:7

Capítulo 6

Buenas noticias para personas imperfectas

El concepto importante:

Aun con todos nuestros problemas, Dios cree en ti, te ama y te llama Su hijo. Tú eres alguien especial a los ojos de Dios.

Temas para iniciar debates:

1. ¿ Qué es lo que a veces hace tan difícil aceptar el perdón de Dios en tu vida?
2. Cuando piensas en el amor incondicional de Dios, ¿qué historias de la Biblia te ayudan a recordar este amor?
3. "Mas Dios muestra su amor para con nosotros, en que siendo aún pecadores, Cristo murió por nosotros" (Romanos 5.8). ¿En qué forma este versículo es una buena noticia para aquellos que no son perfectos?
4. ¿En qué forma pueden ayudar el amor sacrificado y el perdón de Dios a tu autoimagen?
5. ¿Qué crees que significa ser una"nueva creación en Cristo"?

Experiencia especial:

Escribe en un pedazo de papel tantos errores y pecados como puedas recordar. Pídele a Dios que perdone tus pecados y luego quema el papel. El papel quemado es el símbolo del perdón de Dios, el cual es para siempre.

Textos bíblicos afines:

Juan 3:16	1 Juan 1:9
Isaías 1:18	Hebreos 10:17

Capítulo 7
Los amigos y la autoestima

El concepto importante:

La elección de tus amigos será un factor significativo en el tipo de persona que eres y en el que te convertirás.

Temas para iniciar debates:

1. ¿Estás de acuerdo o no con esta declaración: Te conviertes en una persona parecida a las que te rodean?
2. Contesta las preguntas del "inventario de amigos" de la página 66 de este capítulo.
3. La amistad especial entre David y Jonatán es una de las historias más inspiradas del Antiguo Testamento. ¿En esta amistad tan especial, en qué forma se relaciona 1 Samuel 20:17 con el área del estímulo?
4. La amistad fiel es costosa. ¿Qué piensas tú que hace falta para desarrollar una amistad más profunda?
5. Nombra una situación en la cual tuviste que hacer un sacrificio para mantener una amistad conflictiva.

Experiencia especial:

Escribe una carta de testimonio a un amigo especial diciéndole por qué aprecias tu relación con él. (Quizás quieras escribir una nota a uno de tus padres asegurándole tu amistad).

Textos bíblicos afines:

Proverbios 17:17   Juan 15:13-15
Santiago 4:4   1 Corintios 13:4-7

Capítulo 8

El sexo

El concepto importante:

El sexo es un tema dominante en las vidas de las personas jóvenes y Dios se preocupa profundamente por nuestra sexualidad.

Temas para iniciar debates:

1. ¿Es la promiscuidad sexual en tu colegio tan frecuente como cree la mayoría de los padres?
2. ¿Por qué supones tú que la televisión, la música rock y las películas tratan tanto acerca del sexo?
3. La Biblia dice: "¿O ignoráis que vuestro cuerpo es templo del Espíritu Santo, el cual está en vosotros, el cual tenéis de Dios? (1 Corintios 6:19). ¿En qué forma se relaciona este versículo con tu sexualidad?
4. ¿Qué supones tú que significa "dejar a Dios tomar parte en tus citas"?
5. ¿Cuáles son los pasos que deberás adoptar para prevenirte de ser un adolescente sexualmente activo?

Experiencia especial:

Lee los últimos ejemplares de casi todas las revistas que puedas adquirir en un puesto de venta de revistas y trata de encontrar la mayor cantidad posible de anuncios sexualmente orientados. Tómate dos minutos y haz una lista con tantas canciones con temas sexuales como puedas recordar.

Textos bíblicos afines:

1 Corintios 10:13	2 Corintios 6:14
Mateo 5:27, 28	Proverbios 7:6-27

Capítulo 9

Las citas

El concepto importante:
Las citas serán un factor decisivo en cómo tú cumples con tu compromiso cristiano.

Temas para iniciar debates:

1. ¿Crees que existe demasiada presión en las citas románticas en tu colegio?
2. ¿Cómo resumirías la diferencia entre el amor y el apasionamiento?
3. La Biblia dice: "No os unáis en yugo desigual con los incrédulos" (2 Corintios 6:14). ¿Cuál es tu opinión respecto a las citas de cristianos con no cristianos?
4. ¿En qué manera pueden afectar las citas a tu autoimagen?
5. Describe el tipo de persona con la cual quisieras tener citas.

Experiencia especial:

Haz tu propia lista de citas creativas o elige las mejores de este capítulo y organiza una fiesta de citas creativas. Invita tanto a muchachos como a chicas a tu casa y diviértete con algunas de las más creativas citas que puedas imaginarte.

Textos bíblicos afines:

Romanos 12:9,10   2 Timoteo 2:22
Mateo 5:8   1 Tesalonicenses 4:3-8

Capítulo 10

Llévarte bien con tus padres

El concepto importante:

Dios te dio a tus padres y ahora puedes asumir parte de la responsabilidad para que esta relación funcione.

Temas para iniciar debates:

1. ¿En qué forma has cambiado tu opinión respecto a tus padres con el correr de los años?
2. ¿Cuáles son las virtudes que aprecias más en tus padres? ¡Díselos!
3. Uno de los Diez Mandamientos es "honra a tu padre y a tu madre, para que tus días se alarguen en la tierra que el Señor tu Dios te da" (Éxodo 20:12) ¿Qué significa realmente este texto?
4. ¿Cuáles dirías tú que son las luchas más grandes con tus padres en este momento?
5. ¿Qué pasos puedes adoptar para tener una relación mejor con tus padres?

Experiencia especial:

Planea una fecha especial, viaje o evento para efectuarlo juntos tú y tus padres (o madre). Sin decirles nada respecto a lo que estás haciendo, trabaja en los detalles, incluyendo el pago de los gastos de esta experiencia. Puede ser que te asombres de tu reacción positiva.

Textos bíblicos afines:

Salmo 139:13-16   Colosenses 3:20
Proverbios 6:20-22   Mateo 5:9

Capítulo 11

Basura que entra/basura que sale

El concepto importante:

¡Cualquier cosa que pongas en tu mente, a la larga saldrá!

Temas para iniciar debates:

1. ¿Estás de acuerdo o en desacuerdo con esta declaración: "La vida es como un eco, tú recibes de vuelta lo que envías"? ¿Por qué?

2. ¿Cuál es tu punto de vista respecto a escuchar música rock? ¿A ver la televisión y películas? ¿A la pornografía?

3. ¿Qué crees que Pablo pensó cuando escribió: "Por lo demás, hermanos, todo lo que es verdadero, todo lo que es honesto, todo lo justo, todo lo puro, todo lo amable, todo lo que es de buen nombre; si hay virtud alguna, si algo es digno de alabanza, en esto pensad." (Filipenses 4:8).

4. ¿Cuáles son las mejores maneras de "renovar tu mente" (Romanos 12:2).

5. ¿Qué pasos prácticos puedes adoptar inmediatamente para mejorar tu manera de pensar?

Experiencia especial:

Mantén un concurso con los miembros de tu familia o con el grupo de jóvenes para ver quién puede encontrar la influencia más negativa de una noche de programas de televisión en el horario de mayor audiencia o en cualquier revista popular actual.

Textos bíblicos afines:

Mateo 12:34 Colosenses 3:1-4
Proverbios 23:7 Filipenses 4:6,7

Capítulo 12
Tomando sabias decisiones

El concepto importante:

Adoptar sabias decisiones respecto al uso de drogas y alcohol es una de las más importantes decisiones de tu vida. Las drogas y el alcohol te afectan en una manera inconsciente.

Temas para iniciar un debate:

1. ¿Piensas que el promedio nacional de uso de drogas y alcohol indicado en la página 126 es similar a las estadísticas de tu colegio?

2. ¿Por qué crees que los jóvenes beben alcohol y se drogan cuando eso es ilegal?

3. La Biblia dice: "No os embriaguéis con vino, en lo cual hay disolución; antes bien sed llenos del Espíritu" (Efesios 5.18). ¿Cuál es la importancia de este versículo?

4. Haz una lista con las variadas formas de decir no si te ofrecen beber o drogarte en una fiesta.

5. Jim compartió en este capítulo las razones por la cuales eligió no beber. ¿Has hecho tú la misma decisión? ¿Por qué o por qué no?

Experiencia especial:

Concurre al encuentro del grupo local de adolescentes o al centro de tratamiento de adolescentes y pide que te permitan entrevistar a un par de jóvenes que están tratando de liberarse del abuso de las drogas y el alcohol.

Textos bíblicos afines:

1 Pedro 4:7

1 Corintios 6:19-10

Proverbios 20:1

Romanos 13:13,14

Capítulo 13
El abuso sexual

El concepto importante:

El abuso sexual es uno de los más profundos y oscuros secretos del mundo y prevalece mucho más de lo que algunos puedan imaginarse. Si tú o un amigo tuyo han experimentado este trauma, entonces deberán recibir ayuda inmediatamente.

Temas para iniciar un debate:

1. ¿Te sorprendiste con las estadísticas citadas en este libro?
2. ¿Conoces tú a alguien que haya sido abusado sexualmente y no ha hablado con sus padres, pastor o consejero? Si es así, por favor convéncelo para que reciba ayuda.
3. Lee el Salmo 23. ¿De qué manera este Salmo tan conocido reconforta a los que han sido lastimados?
4. ¿Qué precauciones puedes tomar en tu propia vida para evitar que seas abusado sexualmente?
5. Haz una lista del nombre de por lo menos una persona a la cual recurrirías inmediatamente si tuvieses un problema de abuso sexual.

Experiencia especial:

Vé a la biblioteca pública y prepara un informe sobre el abuso sexual a los efectos de aprender sobre los hechos, o llama a un teléfono de emergencia local de abuso sexual infantil (lo encontrarás en tu guía de teléfonos) y pídeles efectuar una presentación en tu iglesia o colegio. Ellos también podrán enviarte gratis la literatura respectiva a tan importante tema.

Textos bíblicos afines:

Mateo 28:20	Isaías 54:10
Santiago 1:5	Hebreos 13:5

Jim Burns es presidente del Instituto Nacional de Ministerio Juvenil. INMJ es una organización que se dedica al entrenamiento de adultos que trabajan directamente con jóvenes, para ayudarlos a tomar decisiones positivas en sus años de adolescencia y prevenir situaciones críticas en el hogar.

Para más infomación acerca del Instituto Nacional de Ministerio Juvenil, o para información acerca de videos, libros, programas educacionales u otros recursos para padres, jóvenes, consejeros, escriba a:

The National Institute of Youth Ministry
940 calle Amanecer #G
San Clemente, CA 92673
TEL.(714)498-4418